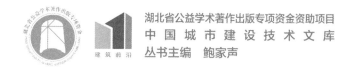

湖北省公益学术著作出版专项资金资助项目
中国城市建设技术文库
丛书主编 鲍家声

Measurement Methods and Improvement Strategies of
Urban Spatial Performance in the Context of Carbon Neutrality

碳中和背景下城市空间绩效的测算方法及提升策略

杨震 李佳萱 著

中国·武汉

图书在版编目（CIP）数据

碳中和背景下城市空间绩效的测算方法及提升策略/杨震, 李佳萱著. —武汉：华中科技大学出版社, 2023.3

（中国城市建设技术文库）

ISBN 978-7-5680-8986-9

Ⅰ.①碳… Ⅱ.①杨… ②李… Ⅲ.①城市空间－影响－城市经济－经济绩效－评价－研究－中国 Ⅳ.①F299.2

中国国家版本馆CIP数据核字（2023）第005036号

碳中和背景下城市空间绩效的测算方法及提升策略   杨震 李佳萱 著

Tanzhonghe Beijing Xia Chengshi Kongjian Jixiao de Cesuan Fangfa ji Tisheng Celüe

出版发行：	华中科技大学出版社（中国·武汉）	电话：	（027）81321913
地　　址：	武汉市东湖新技术开发区华工科技园	邮编：	430223

策划编辑：	张淑梅	封面设计：	王　娜
责任编辑：	赵　萌	责任监印：	朱　玢

印　　刷：	湖北金港彩印有限公司
开　　本：	710 mm×1000 mm　1/16
印　　张：	11
字　　数：	184千字
版　　次：	2023年3月第1版　第1次印刷
定　　价：	78.00元

投稿邮箱：zhangsm@hustp.com
本书若有印装质量问题，请向出版社营销中心调换
全国免费服务热线：400-6679-118 竭诚为您服务
版权所有　侵权必究

"中国城市建设技术文库"丛书编委会

主　编　　鲍家声

委　员　　（以姓氏笔画为序）

　　　　　万　敏　　华中科技大学

　　　　　王　林　　江苏科技大学

　　　　　朱育帆　　清华大学

　　　　　张孟喜　　上海大学

　　　　　胡　纹　　重庆大学

　　　　　顾保南　　同济大学

　　　　　顾馥保　　郑州大学

　　　　　戴文亭　　吉林大学

作者简介

杨震

男,1985年生,湖南花垣人,北京大学理学博士,北京建筑大学建筑与城市规划学院教师,建筑学博士后,主要从事人工智能支持下的国土空间规划与设计教学、研究和实践。

李佳萱

女,1999年生,山西晋中人,北京建筑大学2021级硕士研究生,主要从事人工智能支持下的国土空间规划与设计研究和实践。

本研究获得北京建筑大学青年教师科研能力提升计划（X22018）资助。

致　　谢

特别感谢北京大学教授吕斌（硕博导师）、陈彦光、冯长春、林坚、曹广忠、赵鹏军、柴彦威、童昕等大先生，以及田景玲、肖碧君、张翠玉、田筱玲、郑伯红、龙明东、李凤等敬爱的老师们对我的悉心教导，晚学受益匪浅，心怀感恩，祝您们身体健康，万事如意！

感谢文天祚、周国强两位师弟在本书数据和图片上的鼎力相助，感谢李长风、万海荣两位师妹的技术支持，感谢张纯、张衔春、胡映洁、刘玮、韩霞、李磊、黄婷、徐勤政、陈轶、伍佳、朱力、许婵、张雪、牛煜红、谭肖红、向乔玉、赵勇健、孙瑜康、乔治洋、孙道胜、文萍、邓潇潇、刘洁敏、石婷婷、张玮璐、王春、屠李、吕怡琦、贺欢欢、边防、陈锋、樊星、管炀、胡子龙等师兄弟姐妹对我的启发和激励，感谢毕晓叶、陶智明、张英俊、徐永驰、吴静、石丽芳、金羽翔、王洪波、欧宏银、崔木榕、格绒初、王妍蓉、徐利权、杜任俊、叶艳峰、吕丹妮、侯晶露、唐乐、郭琦、王剑、项瑜、唐琳、彭甲斌、刘娟、赵艳、赵红芳、易小华、向俊杰、石子信、何挺、刘宝、张中喜、侯菲、彭永春、刘国民、石涛的鼓舞和鼓励，祝各位步步高升，辉煌腾达！

感谢北京建筑大学各位领导、师长、同事的关心、支持和帮助，与优秀的人同行，必当奋勇向前，祝大家披荆斩棘，成果爆满！

感谢李佳萱、赵旭（女）、张亚飞、刘昉、王文科、王韵淇、沈洋、邱怡凯、黄晓雯、路玥、张安然、于婧妍、陈一涵、赵旭（男）、王一鸣、陈禄文、孙予超、周苡帆、石爽、孙雪谱、王子瑜、耿卓艺、吴兆庆、李叶桐、李一凡、康牧铧、慕希雅、李博涵、王研等同学的积极协助，祝前程似锦，人生豁达！

感谢华中科技大学出版社张淑梅老师等编辑的大力支持和细心校核,祝身体健康,工作顺利!

感谢一路陪伴、关心、支持、提携、帮助我的家人、师长、领导、同学、同事、同乡、朋友以及我的学生们,大家都是照亮我前路的光,谢谢您们!

杨震

2023 年 2 月

前　言

全球气候变暖已经严重威胁到人类的生存和发展，城市空间结构虽与碳排放不存在直接关系，但可通过中介要素影响城市碳排放。在碳中和背景下开展城市空间绩效测算，立足点在于城市空间紧凑度和均衡度均取得最高值时，城市空间绩效即空间组织效率最高，城市居民获取商业、医疗、教育、行政等服务的平均出行时间最短，城市交通碳排量最小。

首先，本书选取京津冀、长三角、珠三角三大城市群，北京、重庆和深圳三个超大城市，以及苏州常熟市（县级市）、天津静海区（2015年改县为区）、广州增城区（2014年改县为区）三个县域单元为分析对象，基于居民获取服务的出行时间，使用泰森多边形、引力模型和潜力模型测算其空间绩效和引力指数。

其次，采用二项逻辑斯蒂回归模型和多元线性回归模型分析中国293个城市的39项人居环境指标与城市吸引力的相关性，并运用BP神经网络进行检验。

再次，基于高斯曲线、加权求和与结构方程模型，测算河南省原阳县城的设施服务强度和设施服务满意度。

最后，从优化体系形态、实现就近服务、贯通连接路径、提高步行舒适度、提高用地混合度等方面提出城市空间绩效的提升策略。

目　录

1 　引　　言　　001
　　1.1　时代背景　　002
　　1.2　关键问题　　006

2 　相关概念界定及相关研究　　007
　　2.1　相关概念界定　　008
　　2.2　城市空间结构理论　　011
　　2.3　低碳城市理论　　015
　　2.4　城市空间结构研究综述　　019

3 　城市空间绩效评估模型及数据来源　　031
　　3.1　城市空间绩效评估模型　　032
　　3.2　居民出行最优路径选择　　036
　　3.3　数据构成与来源　　039
　　3.4　数据处理与运算　　040

4 　城市空间绩效实证测算　　049
　　4.1　城市群空间绩效　　050
　　4.2　建成区空间绩效　　060

	4.3 城市引力指数	063
	4.4 城市空间绩效影响因素	066
5	**我国城市吸引力评估**	**077**
	5.1 城市吸引力评估指标	078
	5.2 城市吸引力评估方法	082
	5.3 城市吸引力评估结果与分析	085
	5.4 城市吸引力评估检验	098
6	**城市设施服务强度实证测算**	**105**
	6.1 设施服务强度和满意度研究方法	106
	6.2 设施服务强度测算	109
	6.3 设施服务满意度测算	116
7	**城市空间绩效提升策略**	**121**
	7.1 优化体系形态	122
	7.2 实现就近服务	124
	7.3 贯通连接路径	127
	7.4 提高步行舒适度	131
	7.5 提高用地混合度	135

参考文献	138
文中部分彩图	149

1 引言

1.1 时代背景

1.1.1 全球气候变化威胁到人类的可持续发展

2021年联合国政府间气候变化专门委员会（Intergovernmental Panel on Climate Change）发布的第六次评估报告认为，全球气温与工业化前相比已经升高1.2 ℃，除非未来几十年内大幅度减少温室气体排放，否则全球变暖幅度在21世纪将超过1.5 ℃。

人类将面临全球气候变暖带来的严峻挑战。

首先，地球两极冰川的大量融化将会致使海平面上升，进而导致大量人口密集的沿海区域被海水淹没；世界各地的降水分布将发生巨变，这将改变当前的全球农作物生产格局；极端天气如干旱、洪涝、冰雹等出现的频率和强度将越来越高，使农作物产量大幅度下降，粮食供给安全受到威胁。

其次，全球气候变暖将导致各类传染疾病如疟疾、钩虫病等传播速度加快，蔓延幅度增大，甚至寒带地区也将逐渐出现热带疾病；另外气候变暖还将导致大气层中的臭氧浓度增高，引发与热有关的心脏病，并且导致肺病的发病率增高等。

最后，全球气温持续上升导致的干旱、盐碱化、荒漠化、海洋变暖等，对动植物的栖息环境有着极大的破坏作用，许多生物由于不适应这些变化而相继灭绝，带来不可估量的损失。《气候变化2007：联合国政府间气候变化专门委员会第四次评估报告》指出，地球年平均气温的增长幅度如果超过1.5~2.5℃，将有20%~30%的物种走向灭亡。

1.1.2 碳中和是人类可持续发展的根本出路

在全球气候变暖的背景下，低碳发展逐渐成为时代主旋律。1992年通过的《联合国气候变化框架公约》提出，要将地球的温室气体含量稳定在合适的水平。联合国气候变化框架公约（United Nations Framework Convention on Climate Change, UNFCCC）官网显示，截至2016年，已有197个缔约方签署了该公约，签约国的碳排量总和超过全球碳排量的60%。为确保21世纪全球气温的升幅在2 ℃以下，2009

年各国就《京都议定书》一期承诺到期后的后续方案展开谈判并签署了《哥本哈根协议》，并表示未来大幅度减少碳排量。

碳达峰是指二氧化碳排放量达到最高值后经历平台期，开始进入持续下降的过程，是标志着碳排放不再与经济发展挂钩的重要节点。碳中和是指国家、企业或个人产生的二氧化碳或温室气体排放总量，通过碳封存、碳抵消等形式实现正负抵消，达到相对"零排放"。在 2020 年 7 月欧盟公布碳中和计划之前，已有 30 多个国家宣布碳中和目标，此后中国、日本、韩国等国家也相继提出碳中和目标，占全球碳排量 65% 的国家相继开始碳中和行动。

我国在 2020 年第七十五届联合国大会上郑重宣布：中国将提高国家自主贡献力度，采取更加有力的政策和措施，二氧化碳排放力争于 2030 年前达到峰值，努力争取 2060 年前实现碳中和。

1.1.3 空间结构与城市碳排放有着间接但显著的联系

在 20 世纪 90 年代，就有学者意识到城市空间结构对于城市环境可持续发展的重要性（Leorey，1999），认为城市空间形态管制是城市增长管理的最好方式（Breheny，1995）。相关研究表明，城市空间结构虽然与碳排量不存在直接关系，但城市运行及城市各要素之间存在锁定效应（Kahn，2008），可通过这些中介要素影响城市的能耗与碳排放（Stone 和 Rodgers，2001），譬如减少居民通勤和获取公共服务的出行距离，即可降低能源消耗量和污染物排放的水平（Newman 和 Kenworthy，1989；仇保兴，2006；Ewing 和 Rong，2010；吕斌和祁磊，2008），因此构建合理的城市空间结构对于低碳城市建设具有积极的作用。

1.1.4 世界的城市化进程在持续推进

城市是人类各项社会经济活动的集中点，世界超过 50% 的人口和产业集聚于此，在消耗了 70% 的能源总量后产生了 75% 的垃圾和 80% 的温室气体（Stern，2007），同时全球范围内的城市化正在加速，预计 2030 年 65% 以上的人口在城市生活。因此城市的碳排量已经成为全球碳排量研究的关注热点，人类要实现可持续发展，根本出路在于建设低碳社会，减少城市的能耗和碳排量。

我国已进入城镇化进程的中后期，但目前城镇化率仍呈现持续上升趋势。第七次人口普查结果显示，我国城镇化率达63.89%。

在国家发展和改革委员会组织召开的城镇化工作暨城乡融合发展工作部际联席会议第四次会议中指出，2021年末常住人口城镇化率达到64.72%，数据显示我国进入城镇化发展进程的中后期。在我国社会经济进一步发展和各项促进城镇发展的改革措施持续推进的过程中，未来城镇化率仍会保持上升趋势，到2035年、2050年城镇化率将会达到75%~80%。

1.1.5　交通是城市碳排放的主要源头

研究表明，城市碳排放的主要源头为城市交通。我国北京、上海、广州等超大城市的交通碳排量占整个城市碳排量的近30%（孙婷，2011），2006年世界大约13%的温室气体及超过21%的碳排量来源于交通领域（Energy Information Administration，2007）。因此如何构建合理高效的城市空间结构以减少城市交通出行量及出行时间，进而减少城市交通碳排量和城市碳排量，是低碳城市研究的热点。

1.1.6　公共服务供给规范面临转型

随着城市居民生活质量的不断提高，居住区的舒适性、公共服务的多样性、交通的便捷性等成为居民关注的重点。长期以来，城市在发展过程中追求效率而忽略了人居环境问题和居民的需求，因此公共服务发展不平衡与不充分的问题较为突出，包括：基本公共服务仍有发展短板，城乡间公共服务数量与质量仍有较大差距，公共服务均等化水平有待提升；公共服务空间配置机制有待完善，设施布局与人口分布空间匹配度较差，优质服务资源短缺。

"十三五"时期，公共服务体系日益健全完善，公共服务供给水平实现全面提升，更好地满足了人民多层次多样化的需求。从过去僵化的住区规划模式到如今社区生活圈，国家将城市规划工作的重点逐渐转移到城市空间环境的改变和人民生活水平的提高上。目前我国已经有许多城市在着力建设"15分钟生活圈"，如上海、武汉、长沙、厦门等城市。国内城市生活圈规划建设实践见表1-1。相关规划导则、标准根据各地发展情况及人口规模的差别，对不同等级生活圈的规模范围界定及规划要求也有所不同。

"十四五"时期,我国将继续推动公共服务发展,健全公共服务体系。随着社会经济的转型升级,新型城镇化建设开始将"以人为本"作为城市发展核心要义,城市发展由传统的注重数量和规模增长的"外延式"发展转变为注重质量提升的"内涵式"深度发展。持续推进基本公共服务均等化,丰富多层次生活服务供给,对增强人民群众的幸福感,促进人的全面发展和社会进步,具有十分重要的意义。

表 1-1 国内城市生活圈规划建设实践

城市	相关文件	相关规定
上海	《上海市15分钟社区生活圈规划导则》	针对城镇及乡村社区生活圈在配置层级、服务要素和空间布局等方面提出规划建设指引
武汉	《武汉市一刻钟便民生活圈国家试点城市建设实施方案》	针对生活圈规划、建设、业态、运营、创新、服务等六个方面提出规划建设任务;将改造和建设40个功能齐全的生活圈商业中心
长沙	《长沙市"一圈两场三道"建设两年行动计划(2018—2019年)》	明确提出着力抓好15分钟生活圈,停车场、农贸市场,人行道、自行车道、历史文化步道这"一圈两场三道"的规划建设
厦门	《厦门市一刻钟便民生活圈建设试点方案》	按照宜居、宜业、宜养、宜学、宜游以及近邻美、生活美、环境美、品质美、时尚美的要求,打造"五宜五美"的15分钟生活圈典范
北京	《关于推进社区"一刻钟便民生活圈"建设的指导意见》	以朝阳区作为试点,整合社区周边服务资源,在全区9个街道、82个社区进行"一刻钟便民生活圈"试点
广州	《广州社区生活圈及公共中心专项规划》	探索社区生活圈规划技术方法、路径与实施机制,为社区规划建设向以人为本的品质转型提供引导
雄安新区	《雄安新区社区生活圈规划建设指南(2020年)》	以宜居、宜业、宜游、宜养、宜学为目标,建设品质为先、重老携幼、全时导向、动态成长的全龄友好型社区生活圈

1.2 关键问题

1.2.1 如何通过优化城市空间结构减少碳排量

城市碳排放的源头涉及方方面面，如交通、工业、商业、居民消费等不一而足，而城市碳排放的主要源头是交通，通过对交通能耗和废气排量测算即可直接获得交通碳排量，但采用这种被动的方法难以发现城镇交通碳排量增加的原因和解决对策。

城市空间结构对城镇碳排量尤其是城镇交通碳排量有着间接但显著的影响，如何通过城市空间结构的优化来减少城市碳排量特别是城市交通碳排量？对这一问题的解答，有助于开辟低碳城市建设的新思路和新方向，推动我国碳达峰、碳中和目标的实现。

1.2.2 紧凑度及均衡度是否可以应用于城市空间绩效评估

已有研究常用紧凑度和均衡度来表述城市空间结构，但传统上多从"外部物质空间"如城市的自然空间形态来计算城市空间形态结构紧凑度，较少从"内部功能空间"即服务设施的服务半径或服务强度出发，测算城市空间结构紧凑度和均衡度。

因此，如果城市空间结构紧凑度及均衡度与城市碳排量之间存在着某种换算关系，那么就能够以居民获取服务的出行时间为测度，计算城市空间结构的紧凑度和均衡度，并以这两个指标对城市群和建成区两个尺度下的城市空间绩效进行评估，通过研究城市空间绩效的主要影响因素，提出改进策略。

2

相关概念界定及相关研究

2.1 相关概念界定

2.1.1 城市及城市群

《城市规划基本术语标准》（GB/T 50280—98）对城市的定义是以非农产业和非农业人口集聚为主要特征的居民点。《关于统计上划分城乡的暂行规定（2006）》第 4 条规定：城镇是指在我国市镇建制和行政区划的基础上经本规定划定的区域。城镇包括城区和镇区（华晨 等，2013）。

《城市规划基本术语标准》对城市群的定义是，一定地域内城市分布较为密集的地区。各城市依托历史、地理、经济、文化等基础要素，按照特定的系统结构发生紧密联系并构成一个有机的整体。

2.1.2 城市建成区

《城市规划基本术语标准》规定：城市建成区是指城市行政区内实际已成片开发建设、市政公用设施和公共设施基本具备的地区。

为讨论方便，本书将城市建成区概念拓展为：在城市行政区域内具有市或镇建制及被征用的土地中，实际已成片开发建设、市政公用设施或公共设施基本具备的非农活动建设用地。

2.1.3 城市空间结构

"形态学"（morphology）一词由希腊语的形（morphe）及逻辑（logos）构成，意为形式的构成逻辑，最先运用于生物研究领域（刘青昊，1995），最早用于描述生物体的形体结构、大小、形状及构成方式等。

19 世纪"形态学"的分析方法被引入城市研究领域。城市空间形态学将城市视为一个有机体来研究其生长机制，即城市空间形态为某一时间段内城市在多种因素如政治、经济、文化、自然等作用下所展现出来的空间形态特征，包括城市规模、空间位置、几何形态和交通网络结构等外部物质形态特征，以及密度分布、功能布局结构、空间连通度等内部功能形态特征。城市空间结构研究的主要内容见表 2-1。

因此，城市空间结构是指城市体系内各个构成部分的空间分布、组织形式及空间形态（顾朝林，1996），它是各类要素流动和选择的结果（刘艳军等，2006），反映了城市中物质空间、功能价值等组成要素之间的关系（周春山和叶昌东，2016）。

表 2-1 城市空间结构研究的主要内容

层次	标准	表述和例子
外部物质空间	规模	地域、人口、经济总量、收入等
	几何形态	城市建设的几何景观，如条状城市、古典原型城市、组团城市等
	空间位置	地域上的地理条件，如跨江河城市、山前平原城市、山地城市等
	交通网络结构	交通系统的几何结构
内部功能空间	密度	发展的平均密度、密度梯度形态、密度分布
	功能布局结构	各种社会群体活动的组织结构
	功能布局同质性	各种社会群体活动的混合/分散程度
	空间连通度	由交通方式决定的城市各个功能组群之间的连通度

来源：国家自然科学基金资助项目《城市形态和土地利用强度的环境响应机制研究》（编号：40671059），主持人为吕斌，研究单位为北京大学。

2.1.4 城市空间绩效

"绩效"一词来自经济学领域，制度经济学的代表人诺斯（Douglass C. North）将"绩效"与"结构"的关系定义为：绩效代表经济活动投入产出比和生产的稳定性，结构则是决定绩效的所有社会经济要素。由此可见，经济结构决定了经济绩效。简单来说，绩效包括收益、成本和系统运行的稳定性（张婷麟，2019）。

关于城市空间绩效，则可以追溯到法兰克福学派社会学家对城市空间商品属性的理解：工业革命后，城市空间不仅是生产生活的容器，更直接成为重要的商品参与市场交易与资本循环（Lefebvre 等，1991；Harvey，1970）。空间的资本生产和经济循环会产生绩效差异，"空间绩效"在微观层面可以表现为经济活动的空间区位偏好及投入−产出状况；在中宏观层面可以被视为一种结构，表示在一定人口和空间规模下，市场与个体交互作用过程的匹配度，即城市空间系统运行效能及稳定程度。为克服市场及个体决策的低效，同时减少空间组织中的谬误，城市规划干预机制产生；空间结构层面的布局和微观层面的开发控制，实际上都是为了追求更高效的城市空间绩效。

在城市规划领域对空间绩效最初的研究是西方学者对城市形态与土地利用布局关系的讨论。如林奇（Lynch，1984）在《城市形态》（*Good City Form*）中曾提出城市绩效这一概念，并对空间形态的绩效指标加以叙述。这些概念对后来的新城市主义及以公共交通为导向的开发模式（TOD）等城乡规划领域的重要理论有着很大影响。21世纪初，我国开始关注对空间绩效的研究。在2000年以后的快速城镇化进程中，对城市空间结构和土地经济绩效曾有过较为集中的研究，诸如区位红利（赵燕菁，2000）、都市区高效空间结构（韦亚平，赵民，2006）、大都市区空间结构组织的经济绩效（陈睿，吕斌，2007）、城市空间结构的经济绩效属性和城市规划的作为（彭坤焘，赵民，2010）等研究。鉴于我国大城市聚集发展的负效应日益凸显，为应对各类"大城市病"，对空间绩效的研究逐渐聚焦于对大城市空间结构及交通绩效（孙斌栋，潘鑫，2008；韦亚平，2010；宋博，赵民，2011；李峰清 等，2017；黄建中 等，2017）、住房发展和空间绩效（彭敏学，赵民，2009；李峰清，赵民，2011）、环境绩效和社会公平（吕斌 等，2011；唐子来，江可馨，2016）等问题的研究探讨。

基于以上研究，本书认为城市空间绩效是指在特定空间资源约束下的城市运转组织效率。良好的城市空间绩效意味着城市运行高效，资源和能源消耗大幅度下降。

2.2 城市空间结构理论

2.2.1 中心地理论

中心地理论是把城市作为经济和服务中心,探讨城市的合理规模、职能和分布规律的理论。克里斯泰勒(1933)认为"中心地"是提供中心商品(中心地职能)的场所,假设城市体系分布在无边的大平原,肥力和水分均质,初始人口分布和陆路联系均匀,距离是决定因素,经营者和消费者有理智的行为,即均质平原和经济人。

其理论要点有三:①中心地等级体系由一系列呈三角形分布的城市构成,不同等级的中心地拥有大小不等的六边形市场区;②不同级别的中心地和市场区级级嵌套,低级中心地和市场区被高级中心地和市场区包含在内;③中心地空间结构在不同原则下形态不同。在市场原则下,6个低级中心地在比它高一级中心地市场区的角上;在交通原则下,6个低级中心地在比它高一级中心地市场区的边上;在行政原则下,6个低级中心地在比它高一级中心地市场区的角内。

2.2.2 增长极理论

增长极理论认为,经济增长现象并非均衡地出现在所有地方,而是不同的地方存在着不同强度的增长点,整个地域的经济发展有赖于空间系统将增长从增长极扩散到其他地域和部门。相关学者如佩鲁(1955)、布德维尔(1966)、缪尔达尔(1975)和芒福德(1961)等都进行了深入的探索。

增长极效应是多种增长效应的集合体,主要体现在支配效应、乘数效应、极化效应和扩散效应上。①支配效应,不同经济单位之间存在不对称关系,一些处于支配地位,另外一些处于被支配地位;②乘数效应,规模较大且生产率较高的推进型企业,对与之存在投入产出关系的其他企业具有刺激带动作用,并最终融合形成产业综合体;③极化效应,推进型产业不断吸引周边地区的经济要素和活动趋向增长极,产生聚集经济并极化,直至聚集经济的限度;④扩散效应,增长极向周围地区进行经济要素和活动的辐射输出,刺激带动周围地区发展,这种扩散效应随距离增加而衰减。

由于极化效应和扩散效应的影响，增长极对周围区域的经济发展会产生正负两种影响。如果极化效应强于扩散效应，增长极给周边经济发展带来不利影响，即"虹吸效应"；如果扩散效应大于极化效应，增长极对周边经济发展起促进作用，即"涓滴效应"（赫希曼，1958）。

2.2.3 点轴系统理论

点轴系统理论是中国学者在中心地和增长极理论基础上提出的地域空间结构理论（陆大道，1984）。点轴系统中的"点"，相当于中心地体系中的"中心地"，比如各级中心城市、村镇、港口等；而"轴"则是由各级线状基础设施（如交通路网、能源供应线等）连接起来的不同级别、规模的中心城市组成的相对密集的人口产业地带（陆大道，1995）。

在增长极的发展过程中，它与周围的点进行着密切的资源要素交流，各种线状基础设施得以建立。这些线路不仅促进了增长极和节点的发展，而且改善了沿线的区位条件，致使区域的资源要素也向沿线地区集中，这些沿线地区也成为区域经济的活跃地带，最终发展为区域发展依托的轴线。轴线一旦形成便会加速依附其上的节点的发展，进一步扩大增长极和轴线的规模，在新的地区与新的点之间重现点轴的形成过程，这些不同等级的点和轴线有序连接交互，最终形成点轴空间结构（李小建，1999）。随后，位于轴线上的不同等级的节点的联系日益加强，每个节点都可能与更多的节点进行资源要素的交流，建立起多种联系通道，逐渐形成联系紧密的复杂网络。点轴系统的形成过程如图 2-1 所示。实现资源要素的全区域的流动，这样就构成了区域的网络空间结构（陆大道，2002）。

2.2.4 都市圈理论

"都市圈"指一个或若干个核心城市与周边具有密切社会经济联系的相邻城市和地区一同构成的圈层式网络型地域空间结构体。类似的概念还有城市圈、都市带、城市群等。

都市圈具有重要的两种地域尺度。一种是"日常都市圈"，是指以单一中心城市为核心，能够进行日常工作通勤、购物和业务交流的"通勤圈"，是构成更大尺

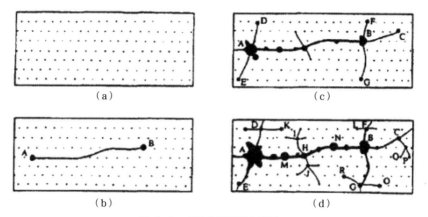

图 2-1 点轴系统的形成过程

(图片来源：陆大道. 区域发展及其空间结构[M]. 北京：科学出版社，1999：138)

度范围的"大都市带"的基本单元（Gottmann，1957）。另一种是"大都市圈"，指若干中心城市与周边城市共同组成的空间尺度较大的都市圈。

受自然生态环境、经济发展情况、交通建设状况、通信网络、文化风俗等因素的影响，都市圈的空间布局模式主要有以下几种类型。

① 同心圆圈层模式，中心城市处于都市圈中心，其他城市在离中心城市不同距离的位置上呈同心圆状分布。

② 组团模式，在一个区域内几个城市相对集中，形成一些团块，各自有其吸引中心。

③ 平行切线模式，城市体系的发展轴位于中心城市两侧并以切线方式分布，其他城市则沿切线分布。

④ 定向多轴线引导模式，城市体系的发展轴线出现在中心城市的若干方向，其他城市沿多条轴线呈线状分布。

⑤ 放射长廊模式，从中心城市伸出一条主要交通走廊，都市圈内的城市沿着交通线间隔分布。

⑥ 反磁力中心模式，城市体系在离中心城市一定距离处出现足以与中心城市引力相抗衡的城市，形成对抗中心城市的反磁力中心。

2.2.5 核心－边缘理论

弗里德曼（1966）提出核心－边缘理论（即中心－外围理论），用以解释区域经济空间的演变过程，认为世界上任何一个国家都可以分为核心区域和边缘区域两个组成部分。核心区域由中心城市（或城市群）及其周围地区组成；边缘区域则由核心区域与外围地区的关系所界定。从本质上来说，都市圈理论脱胎于核心－边缘理论。

核心－边缘理论认为工业化推动了区域的经济增长，区域空间结构则在工业化的不同阶段依次出现离散、聚集、扩散和均衡四种现象，不平等的发展关系始终贯穿整个过程，核心区域通过技术优势不断从边缘区域获取剩余价值，吸引着边缘区域的资金、人口、资源等要素向其流入，形成核心区域与边缘区域的不平等发展格局，但是随着核心区域与边缘区域边界的不断变化和模糊，区域空间关系也会不断调整并最终达到一体化。

2.3 低碳城市理论

2.3.1 低碳城市

城市作为世界人口和经济活动集聚的中心，也是能源消耗和碳排放的中心。广义的城市碳排量是指城市工农业生产、居民生活、出行交通等过程中产生的二氧化碳总量（Park 和 Heo，2007）；狭义的城市碳排量仅指城市居民生活排放的二氧化碳总量（张坤民 等，2008）。

二氧化碳作为温室气体的主要组成成分，它的大量排放导致了全球气候的变化，对包括人类在内的地球生物的生存构成了严重的威胁。为应对这一挑战，1992 年世界多国通过了《联合国气候变化框架公约》，到了 1997 年又通过了《京都议定书》，规定到了 2012 年主要国家的工业碳排量要比 1990 年降低 5.2%。2003 年英国政府发表《能源白皮书》，第一次系统提出"低碳经济"的概念，即"通过更少的自然资源消耗和更少的环境污染，获得更多的经济产出"的经济发展方式。

"低碳城市"关注"低碳经济"，以期减少温室气体排放量，建设良性可持续的城市能耗生态体系。世界自然基金会对低碳城市的定义是"在经济高速发展的前提下，将能源消耗和二氧化碳排放量维持在较低水平"的城市发展模式（袁晓玲和仲云云，2010）。国内学者对它的定义大同小异，普遍认为低碳城市是一种实行低碳经济，以低碳生产、生活为核心的城市发展模式（刘志林，2009），是"低碳经济和低碳社会得以发展、低碳生活和低碳生产得以发展的物质载体，是以适应和减缓气候变化为导向的城市形态和空间组织，以低碳规划为技术支撑和政策引导，实现减源增汇目的的城市"（林姚宇和吴佳明，2010）。

国际上对低碳城市的研究主要集中在三个方面：一是城市能源结构优化研究，如 Weber（2007）针对英国家庭碳排放的来源提出家庭生活的低碳标准。二是低碳城市政策研究，如青木昌彦（2001）认为低碳城市制度设计应该与当地的政治、经济、文化和历史等相结合。三是低碳城市规划研究，如 Kahn（2008）认为城市空间结构对城市能耗和碳排放存在影响，原因是城市空间形态对各个城市要素的锁定效应。Johnson（2001）则运用经济学的计量方法，从土地利用和交通出行两个角度验证美国芝加哥的城市空间结构是否符合低碳标准。

我国低碳城市研究主要包括低碳城市评估指标体系、低碳城市建设途径及国内外低碳城市实践经验介绍等。2009年，中国城市科学研究会发布了《中国低碳生态城市发展战略》，从人居环境、土地利用、交通三个方面初步提出了低碳城市规划的指标评估体系，并以形态结构、区域规划、节能居住为核心制定具体的评估指标。中国低碳城市规划评估的指标见表2-2。庄贵阳和张伟（2004）提议我国应当寻求一条基础设施建设的低碳路径。刘宇等（2006）从碳排放总量、人均碳排量、碳排放强度及其影响因子等方面对粤港两地的碳排放进行了研究。潘海啸等（2008）认为混合的土地利用形式可促进步行和自行车的使用。

表 2-2 中国低碳城市规划评估的指标

低碳城镇形态结构规划评估指标	
关注点	指标
公交（枢纽）	公交专用道比例大于20%；居住开发90%在公共交通枢纽3 km范围内
出行方式	学生出行距离；短距离出行比重；自行车道连通度
出行计划	学校和企业制定"员工出行方式计划"；政府制作全市的可达性地图
公共设施	公共设施的开发在公交枢纽300 m范围内
低碳城镇区域规划评估指标	
关注点	指标
公共交通	郊区公交站点覆盖率、公交发车间隔、公交枢纽周边工作岗位数
居民出行	到达区域中心的时间；居住密度与公交运送能力
公共设施	区级教育机构、工作机构、卫生医疗机构、商贸设施在居住区3 km范围内
低碳节能居住评估指标	
关注点	指标
居民出行	居住区周边3 km范围内的就业岗位；步行道与自行车道连通度
公共设施	停车位配置率；社区学校、医院在步行范围（500 m）内；社区商业设施结合公交站点

资料来源：《中国低碳生态城市发展战略》。

2.3.2 紧凑城市

第二次世界大战以后，西方国家经济的迅猛发展和小汽车的快速普及，刺激城市向外扩张，大量耕地、森林、河流、湖泊遭受侵蚀。与此同时，旧城面临着普遍的衰退，带来一系列的社会、经济和环境问题，促使其开始检讨城市的发展方向，意识到必须限制城市的无序蔓延，振兴城市中心内城，降低能耗和碳排量，以期保护自然环境和促进社会公平。

在这种背景下，1990年欧洲社区委员会发布的《城市环境绿皮书》首次提出了"紧凑城市"的概念，认为所有的城市开发都要限制在现有的城市边界之内，城市土地利用要符合高密度、综合性的要求，形成密集、创新、富有文化底蕴的城市社会环境。该主张的根源在于欧洲长久以来形成的尺度适中、紧凑高密度的历史城市，其空间结构便于居民步行和非机动车通行，被认为是居住和工作的理想环境。因此欧洲社区委员会提出，未来的城市应具有紧凑的空间形态、混合的土地利用、高居住密度和友好的步行交通等特征，以期节约土地资源、减少能源使用、缓解环境污染等，实现城市和人类的可持续发展。

目前学界对紧凑城市存在多种理解。Breheny（1997）认为紧凑城市有几个关键点，即促进新城的发展和旧城的复兴；保护农地，并限制农村地区的开发；实行较高密度的开发，促进土地混合利用；推动公交优先，并在公共交通的节点处进行集中开发等。Gordon 和 Richardson（1997）认为紧凑城市是一种高密度的或单中心的发展模式。Ewing（1997）认为紧凑城市是职业和居住场所及土地使用功能的混合物，而 Burton（2002）认为紧凑城市是几种观念的混合，包括高密度的开发与建设、混合功能的城市中心、高效的公共交通系统及步行和自行车的使用环境等。

紧凑城市的主要观点包括以下几个方面。

① 高密度的城市开发。高密度的城市开发一方面可以抑制城市蔓延，保护郊区农村地区和郊区绿地等开放空间免受破坏(Tony, 1996)，另一方面也可缩短出行距离，刺激步行和自行车出行等绿色出行意愿，降低城市居民对汽车出行的依赖，从而降低能耗和废气排放（Hillman, 1996）。另外，高密度的城市开发使得城市可以容纳更多的城市活动，可提高公共服务设施的利用效率，较小的城市范围也减少了基础设施的建设运营费用（Mclaren, 1992）。

② 紧凑的空间形态。形态的紧凑性即向心性或连续性，是指新增土地的开发紧邻着已存在的城市区域，而不是跳跃式的发展（Wheeler，2000）。圆形是所有相同面积的图形中周长最短的，这就意味着这种形式的城市空间组织效率最高。因此城市发展到一定规模之前，圆形无疑是一种高效的城市空间形态（祁巍锋，2010）。

③ 混合的土地利用。将居住、工作、休闲、娱乐及公共服务等用地进行混合布置，缩小居民日常活动的范围，提高居民步行和自行车出行的意愿，大幅度降低小汽车的使用频率。另一方面，功能混合可以提升城市活力，预防犯罪和提升地区安全性（Hoppenbrouwer 和 Louw，2005）。

④ 集约的城市交通。与其他交通方式相比，公共交通在人均能源使用、道路空间占用、废气噪声排放等方面都是最低的，而低密度的城市开发则导致了居民的交通需求和通勤距离增加，以及小汽车出行增多，进而导致能源消耗和尾气排放量大幅度增加（Newman 和 Kenworthy，1999）。

虽然大量研究证明紧凑的城市空间结构能够促进城市的可持续发展，但也有不少学者对此提出疑问。Burton（2000）发现过高密度的城市开发导致了交通堵塞和生活成本（尤其是居住成本）居高不下，这在发展中国家及人口密集的东亚国家更为突出，而且现代通信技术的进步已在最大程度上减少了居民通勤的频率和必要性，这使得居民从市区迁往郊区成为可能，构建紧凑城市空间结构的迫切性不再突出（Burton，2002）。

目前，紧凑城市已经从单核集中模式逐渐发展到高密度、高强度的"分散化的集中"和"城市村庄"模式，更加强调高密度、高强度的土地利用开发模式下的"土地利用功能混合"。托马斯 等（2004）认为"分散化的集中"指通过公共轨道交通发展若干联系紧密的中心城市，并以此为核心进行高密度、高强度的混合开发，避免围绕单中心开发带来的弊端；"城市村庄"则指紧凑和分散互为补充的城市发展模式（斯科夫翰和韦尔，2004）。

2.4 城市空间结构研究综述

2.4.1 城市空间增长研究

（1）国外相关研究

国外学者对城市空间增长的研究与城市蔓延现象密切相关，主要集中在以下六个方面。

① 城市蔓延概念。地理学家 Gottmann（1961）把城市蔓延概述为大都市边缘持续不断扩张，且大都市边缘总有一个带状的土地处于从乡村向城市的转化过程中。Dutton（2000）认为蔓延是一种低密度、无序和功能纯化的用地扩张模式，沿着一些主要的交通道路从城市向郊区扩展。Squires（2002）将城市蔓延定义为低密度的、依赖汽车的、且位于已恶化的中心城周边的住区排斥新开发的城市空间增长方式。

② 城市蔓延后果。Downs（1999）认为城市蔓延和城市衰落之间不存在显著关系，但 Reid（2001）等发现，城市蔓延可能会带来交通质量下降、家庭支出增加、空气质量降低、住房负担能力下降、公共卫生变差的问题，也会造成市中心衰退、土地资源损失、公共服务成本高、种族隔离和贫困等问题。

③ 控制城市蔓延对策。西方国家于 20 世纪 50 年代开始研究控制城市蔓延的措施，"区域主义""城市成长管理""新城市主义"等流派开始出现。从 20 世纪 90 年代开始，对城市蔓延的控制路径研究从区域制度和城市管理转向社区规划设计。

④ 城市增长模型构建。Leorey（1999）用紧凑、边缘或多节点和廊道三个阶段模拟城市空间蔓延的模式；Weber（2003）使用空间相互作用潜力模型，对法国斯特拉斯堡城区的蔓延开展预测；Schweitzer（1998）根据柏林建成区斑块的空间发展和新斑块的生成过程，构建空间增长动力学模型，用以模拟城市蔓延的动态演变过程。

⑤ 城市空间增长机制。Piper（1999）等根据经济、政治、土地利用等因素解释城市空间的蔓延。Edward 等（2001）使用邮政编码对城市蔓延和就业岗位的离心化程度之间的联系展开研究。

⑥ 最优城市空间结构探索。20 世纪 60 年代，Alonso、Mills 和 Muth 首次建立了单中心城市空间结构模型，该模型在后续的最优城市结构及规模、人口密度与空

间分布、地价及房价等研究中得到了验证（李治和李国平，2009）。但也有学者认为，高效的城市空间结构是单中心或多中心，与其规模和连续性等因素有关（Gordon 和 Richardson，1997；Galster 等，2001）。

（2）国内相关研究

国内学者对城市空间增长的研究始于20世纪90年代，主要集中在以下四个方面。

① 影响因素。影响城市空间增长的因素有历史传承（王建国，1994）、社会文化（陶松龄和陈蔚镇，2001）、地理环境（王松涛和祝莹，2000）、经济技术（赵云伟，2001；官莹 等，2006）、交通条件（张尚武，1995）、城市职能（叶昌东和周春山，2014）等。1994年分税制改革后，我国城市空间增长开始呈现出外向蔓延、高速低效的特征（罗超 等，2015）。

② 动力机制。有学者认为城市空间形态演变的动力是城市对其功能变化的适应（武进，1990），体现了城市职能的更迭与完善（陈玮，2001），城市空间演进的实质是城市在内外动力作用下的空间移动（何流和崔功豪，2000），是城市化发展、经济、人口、交通、产业及政策等多方面因素共同作用下的结果（薛俊菲 等，2006；洪世键和曾瑜琦，2016）。

③ 增长模式。城市空间增长存在于城区、郊区和卫星城的建设过程中，其空间扩展模式分为轴向和向外两种模式，由此产生了四种空间增长模式，包括圈层、飞地、带状扩展和轴间填充（顾朝林和陈振光，1994）。但也有学者将其概括为圈层、双城和新城三种空间增长模式（吕斌和刘金玉，2011）。

④ 研究方法。已有的研究分析方法主要有城市空间分析、德尔菲法和层次分析（陈勇，1997）、几何分形理论（叶俊和陈秉钊，2001）、文献分析（成一农，2001）、系统动力学（肖莉和刘克成，1993）及城市空间增长模型（周成虎，1999）等。也有学者将多种技术方法进行融合，如邢海虹与马彩虹（2015）基于遥感（RS）与地理信息系统（GIS）技术采用分形理论对县级城市空间增长特征进行了研究。

2.4.2 城市相互作用研究

城市体系空间结构理论的鼻祖是"中心地"理论。早在20世纪30年代，德国地理学家克里斯泰勒最先提出了"中心地"理论，他将每个城市（即服务中心）的服务范围设定为六边形，探索了城市体系空间结构的规模等级、职能分工和空间分布规律。德国经济学家廖什（1940）则运用最大利润原则，通过对经济地理单元六边形的旋转，得到一个经济活动密集的扇面和另外一个经济活动稀少的扇面，从而在区域单元上修正城市的空间分布规律（Losch，1954）。进入20世纪90年代后，有学者认为城市体系不再是一个等级结构，而是建立在交通网络（包括市政网络）基础上的由不同城市组成的具有多中心结构特征的城市聚合体（Batten，1995；Roberts等，1999），城市间互相协作并在水平横向上直接联系。

国外学者在城市体系空间结构理论探索上，有较为成熟的空间相互作用模型。如赖利-康弗斯模型（Reilly，1929；Converse，1949）、引力模型（Zipf，1946）、哈里斯的潜力模型（Harris，1945）、威尔逊的空间相互作用模型（Wilson，1967）等。空间相互作用经典模型见表2-3。国内学者多以基础设施的使用情况为衡量指标，对城市间的联系开展研究。如周一星和胡智勇（2002）、王姣娥等（2009）、王成金（2008）、罗震东等（2011）运用航空、铁路、长途客运网络等多元数据，周一星和张莉（2003）及曹子威等（2013）运用信件流和电信网络对中国城市之间的联系强度进行了计算研究。

表 2-3　空间相互作用经典模型

模型	公式	解释	优点	缺点
赖利模型	$\dfrac{T_a}{T_b}=\dfrac{P_a}{P_b}\times\left(\dfrac{d_b}{d_a}\right)^2$	1929年，赖利（W. J. Reilly）发现，一个城市从周围某个城市吸引到的本地零售商店消费的顾客数量与该城市人口规模成正比，与两地间的距离成反比。T_a和T_b为一个中间城市被吸引到a城和b城的交易额，d_a和d_b为a城和b城到那个中间城市的距离，P_a和P_b为a城和b城的人口	从大量的实证研究出发，指标明确，参数容易确定，对于商业网点的分析与布局具有指导作用	没有确定相邻节点影响范围的边界
康弗斯模型	$d_A=D_{AB}/\left(1+\sqrt{\dfrac{P_b}{P_a}}\right)$	康弗斯（P. D. Converse）在赖利模型的基础上，提出断裂点（breaking point）概念，确定两个城市间的分界点（即断裂点），d_A、d_B分别为断裂点到两城的距离，D_{AB}为两城的直线距离，P_a、P_b分别为两城的人口	从赖利模型发展而来，经过大量实际验证，可以确定城市空间影响范围和划分城市经济区	利用人口表达城市实力，指标单一

(续表)

模型	公式	解释	优点	缺点
引力模型	$I_{ij}=\dfrac{(W_iP_i)(W_jP_j)}{D_{ij}^b}$	由牛顿万有引力公式推导而来，I_{ij} 为 i、j 两个城市的相互作用，W_i、W_j 为经验确定的权数，P_i、P_j 为两个城市的人口规模，D_{ij} 为两个城市间的距离，b 为测量距离摩擦作用的指数	可以表达两个城市间相互作用	参数难以确定，且仅用人口表达城市吸引力，指标过于单一
潜力模型	$I_i=\sum\limits_{j=1}^{n}I_{ij}$	由引力模型得出，I_i 表示 i 城总的相互作用量	可以表达一个城市与其他所有城市的总的相互作用	参数难以确定
哈夫模型	$P_{ij}=\dfrac{S_j^\mu/T_{ij}^\lambda}{\sum\limits_{j=1}^{n}S_j^\mu/T_{ij}^\lambda}$	可以测算特定地点的某个消费者到某个零售店购物的可能性。P_{ij} 表示 i 地的消费者到 j 设施进行消费的概率，S_j 表示 j 设施的吸引力（设施规模、知名度等），T_{ij} 表示 i 地到 j 设施的距离阻力（路径长度、交通时间等），n 表示相互竞争的设施数量，μ 表示消费设施的规模对消费者选择影响的参变量系数（通常 $\mu=1$），λ 表示到消费设施的时间对消费者选择该商店影响的参变量系数（通常 $\lambda=2$）	在潜力模型和引力模型基础上提出，以大型零售店而不是以城市为研究对象，是交通网络中各节点相互作用的机会大小，因此是一个随机概率引力模型，适合在相对小而不是一个区域使用	需要确定设施吸引力的综合指标，只用面积过于单一武断。需要调查确定参数

表格来源：《成都大都市区网络化空间结构研究》，主持人为吕斌，单位为北京大学。

2.4.3 城市空间结构研究

紧凑和蔓延是城市空间结构的两大类型。Ewing（1997）从四个方面描述了城市蔓延的程度：低密度、分散化、沿轴线的商业发展和跨越式增长。2001 年，《美国今天的蔓延指数》一书以城市化普查区外人口占都市区总人口的比例及其 10 年变化率来测度美国城市的蔓延程度。Galster 等（2001）则从居住密度、城市建设用地的集中度、连续性、集聚度及中心度、城市的核心度、土地利用的多样性和居民职住距离等多个方面对城市蔓延指数进行测算。Hasse（2002）以人口密度、建设用地、土地利用、区域规划的不一致性等 12 项指标来计算城市蔓延程度。Fulton 等

（2001）认为人口密度越低，蔓延程度越高。美国城市精明增长协会（Smart Growth America）（2002）采用居住密度、城市活力度、路网可达性及城市功能混合度4个因子来度量城市蔓延程度。Torrens（2008）从城市扩展、场地、离散度、通达性等七个方面对得克萨斯州进行城市蔓延程度测算。蒋芳等（2007）从城市蔓延的形态、效率和影响因素三方面判别城市蔓延情况，并以人口、经济、土地利用等13项指标对北京的城市蔓延程度进行研究。秦志锋（2008）以城市分形维数、扩张程度和扩张指数三个指标来研究郑州的城市蔓延情况。

学界对紧凑城市空间结构的定义存在争议。Gordon（1997）认为高密度的单中心结构才是紧凑的城市空间结构，而Anderson等（1996）则认为单中心或多中心结构均可构成紧凑形态，这与其规模性和连续性等指标相关。对于较小规模的城市来说，单中心、圆形、连续的空间形态，土地利用效率最高；而对于大城市来说，单中心的空间结构会使得居民的出行距离过长，多中心组团化的布局相比较更显合理。2005年英国环境部（Environment Agency of U.K.）出台的研究报告认为，内部填充式的紧凑城市空间结构是能耗最小的城市空间组织模式。

目前学界多从"外部物质空间"如外部轮廓紧凑度、分维系数等角度来研究城市空间结构。Bertraud和Malpezzi（1999）认为紧凑度是指现实中居民从居住地点到工作地点的平均距离，与假想的具有相同分布特征的圆柱形城市中从居住地到工作地点的平均距离的比率。其他学者Gibbs（1961）、Richardson（1973）、Simons（1974）等也在外部轮廓紧凑度指数上作出相关探索。外部轮廓紧凑度见表2-4。此外分维系数也是常用的方法，它包括网格维数、信息维数、半径维数和边界维数，体现了系统对空间的填充能力。

在上述基础上有学者运用更抽象的指标来评估城市空间结构。Galster等（2001）认为衡量城市空间形态紧凑或蔓延的指标涉及密度、方差、信息熵、中心性指数、连续性指数、土地开发强度、非均衡分布指数（譬如基尼系数）等。Burton（2002）则建议综合各项紧凑度的影响因素，构建综合性评估指标体系来描述城市空间结构。Tsai（2005）在Galster研究基础上以基尼系数描述空间分布均衡度和以全局莫兰指数（Moran's I）描述空间集聚程度，对城市空间结构的紧凑或蔓延程度进行识别。方创琳等（2008）运用空间相互作用指数、人口密度指数和城市密度指数等计算城市群空间结构的紧凑度。Schwarz（2010）运用规模、密度、紧凑度、集聚度、均匀度、边缘密度6个指标表示城市空间结构。

表 2-4 外部轮廓紧凑度（形状指数）

指数名称	公式	公式说明	备注
Richardson	$C=2\sqrt{\pi A/P}$	C 为紧凑度，A 为面积，P 为周长	表示建成区周长与最小外接圆周长之比
Cole	$C=A/A'$	C 为紧凑度，A 为建成区面积，A' 为最小外接圆面积	表示建成区面积与最小外接圆面积之比
Gibbs	$C=1.273A/L$	C 为紧凑度，A 为建成区面积，L 为最长轴长度	
Bertraud &Malpezzi	$\rho=\sum d_j W_j / C$	d_j 为到中央商务区的距离，W_j 为权重，C 为建成区的等效半径	到中央商务区的平均距离与圆柱形城市中心的平均距离的比率
莫兰指数	土地的自相关性		土地开发的连续性
放射状指数	$\sum_{i=1}^{n}\left\|\left(\dfrac{100d_i}{\sum_{i=1}^{n}d_i}\right)-(100/n)\right\|$	城市向各个方向扩展的方差	土地扩张的均衡性

来源：国家自然科学基金资助项目《城市形态和土地利用强度的环境响应机制研究》（编号：40671059），主持人为吕斌，研究单位为北京大学。

2.4.4 公共服务设施研究

可达性与公平性是城市公共服务设施研究的重点。公共服务设施是指向市民提供公共服务产品的各种公共性、服务性设施，包括教育、医疗、文化、体育、交通、商业金融等服务设施。公共服务设施为居民的生活提供必要的资源和服务，其布局是否合理直接关系到政府对公共服务资源的分配是否公平，关系到"基本公共服务均等化"的目标能否落实。

国外学者对公共服务设施配置的研究内容涉及服务设施配置的影响因素、配置模式等方面。在配套设施配置的影响因素研究中，Erkip等（1997）研究了居民对现状设施配置的使用感知，指出配套设施的配置应充分考虑设施的使用者特征和需求。Geoffrey认为公共服务设施的配置位置，是影响设施布局和设施服务效率与公平性的主要因素。Carruthers等（2003）通过研究城市发展特征与公共服务成本的关系，提出城市的人口密度、城市化用地范围等，对公共服务设施的配置影响较大。Liu（2009）将访问、使用、财务、服务质量四项作为指标，对公共服务设施的绩效进行评估，研究表明，设施的包容性和简单性是影响设施绩效评估的重要因素。

设施配置模式研究侧重于设施的均等化与自下而上相结合。主要从覆盖群体、管理机制等方面分析。Michalos等（1999）使用线性模型，分析得知自下而上的公共服务设施配置模式可以有效提升居民的满意度。Berliant等（2006）建立模型作公共服务设施数量与空间分布的福利分析。Nip（2009）指出公共服务管理系统缺失公众参与，并提出公共服务设施管理应加强公众参与。

国外学者多认为公共服务设施的可达性是体现设施配置公平性的主要因素。McAllister（1976）建立了设施配置公平性与使用效率评估指标体系，证明公平性在设施的配置中极为重要。Tsou等（2005）在空间分析的基础上，提出将设施的可达性作为服务设施配置公平性的评估方法。Liao等（2009）认为借助GIS和空间句法设定公共服务设施的具体的服务区域，可以明显提升公共服务质量。

可达性是公共服务设施布局的重要原则，是人文地理学评估公共服务设施空间布局的重要概念。从通俗意义上来讲，可达性是指从一个地方到达另一个地方的难易程度。可达性包括居民前往设施所需耗费的时间、距离、费用等成本，以及设施的服务范围和服务人口。作为评估城市服务设施布局的空间概念，造成可达性差异的原因主要为空间物质障碍，也有个体主观因素与社会因素影响，本书重点关注由于物质阻隔导致的空间可达性差异。城市服务设施的空间分布具有差异性和层次性的特征，核心区的公共设施资源普遍优于周边区域。

我国学者非常关注城市公共服务设施公平性对人居环境建设的意义。学者积极探索城市公共服务设施公平性的内涵、存在问题、形成原因、实施路径与运行机制。公共服务设施公平性的实现路径方面，周素红等（2011）提出公共服务设施均等化首先应研究其供给机制,关注社会不同阶层和群体实际面临的公共服务均等化问题。李阿萌等(2011)指出我国城市公共服务设施非公平性主要反映在城乡之间、区域之间和社会群体之间。农村公共服务设施的公平性问题方面,崔敏等(2011)应用因子分析法对乡镇基本公共服务设施配置水平、布局适宜性进行评估,证明乡镇服务设施配置水平与交通和区位因素呈现出明显的正相关性。耿健等(2013)提出村镇公共服务设施的配置不应机械地套用服务人口和服务半径配置,应当注重类型协同与区域协同,因地制宜地实现均等化。

城市公共服务设施的公平性问题是研究的重要方向。王鹰翅等(2013)认为,缩小城乡差距、消除"本外差异"及缩小镇街差异,并制定动态标准提高规划实施效率,以推动城市公共服务设施公平性的实现。陈浩等(2011)发现由于服务质量不高、空间布局密度偏低和设施服务内容设置不合理,公共服务设施的供给与居民的实际需求存在结构性的偏差,并指出供给制度与运营模式的创新是推进城乡公共服务设施均等布局的关键。我国学界对城市公共服务设施的研究还处于初步探索阶段,已有的研究大多集中在公平性内涵上,或从供给方式、体制机制等方面探讨实现公共服务公平性的解决措施。

公共服务设施的可达性与均等化配置是研究热点。使用 VOSviewer 和 CiteSpace 对中国学术期刊网络出版总库中 SCI 来源期刊、EI 来源期刊、北大核心期刊、CSSCI(中文社会科学引文索引)、CSCD 期刊中主题为"公共服务设施"的 1021 篇文献进行分析。根据公共服务设施研究关键词聚类图谱(图 2-2)可知,国内对公共服务设施的研究多从"社会公共服务""社区公共服务""农村公共服务设施"的配置方面展开,公共服务设施的"均等化"配置及"空间可达性"和"布局优化"等方面的研究均较多。

研究范围由城市拓展至乡村,并开始与生活圈研究相结合。从公共服务设施研究关键词聚类时区可视图谱(图 2-3)来看,我国对公共服务设施的研究在 2010 年左右进入起步阶段,该时期学界关注"基本公共服务设施""均等化""城乡统筹"等问题,后续开始逐步关注"空间可达性""需求""布局优化"等问题;2016 年出现较多关于"新型城镇化建设""公共文化服务"的研究;近年来学界多进一步围绕"15 分钟生活圈""乡村振兴""大数据"等热点问题开展探索研究。

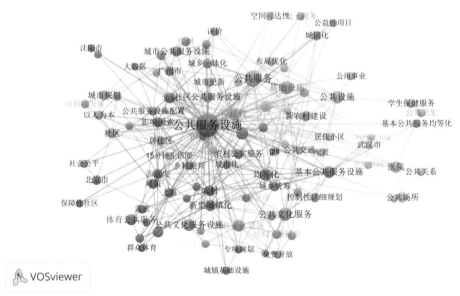

图 2-2 公共服务设施研究关键词聚类图谱

（见文后彩图）

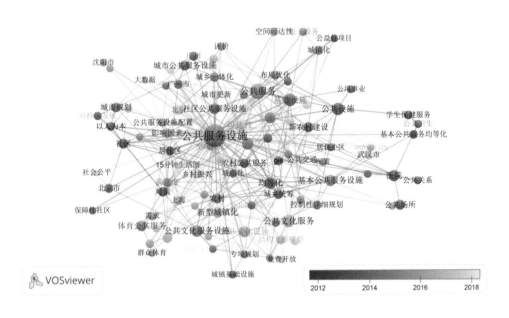

图 2-3 公共服务设施研究关键词聚类时区可视图谱

（见文后彩图）

2.4.5 城市空间结构与交通碳排量关系研究

Stone 和 Rodgers（2001）认为城市空间结构与碳排量并不存在直接关系，但可通过相应的中介要素影响能耗与碳排量，如市政设施与公共服务设施（Harmaajärvi 等，2002）、城市人口数量与居民人均收入（Kahn，2008）、气候环境及热岛效应（Stone 和 Rodgers，2001）、碳税征收方式（Glaeser 和 Kahn，2008）、建筑节能（Pacala 和 Socolow，2004）等。城市碳排放的源头主要是城市交通、城市生产及家庭生活三项（Ho 和 Fong，2007）。

有关研究表明，高密度紧凑型的城市空间结构可以有效减少城市交通的碳排量。Newman 和 Kenworthy（1989）采用世界 100 多个大城市的数据，研究发现在以小汽车为主要交通工具的城市里，影响城市交通能耗的主要因素是城市密度与土地混合利用的程度。密度越低的城市能耗量越高，相反，高密度的城市如香港却依靠公共交通系统实现较低的交通能耗水平。1992 年波特兰市的实证研究表明，紧凑型的城市空间形态发展策略使城市的机动车出行次数降低了 8%，以及氮氧化物和碳氧化物的排放量分别降低了 6% 和 3%。《维多利亚州交通外部性研究》（EPAV，1994）认为都市村庄的紧凑开发形态可减少全球 2% 左右的废气排放量。Manins（1995）和 Minnery（1992）实证发现公交导向且高密度向心集聚的紧凑布局，以及就近就业、就近服务的城市空间结构，可有效减少城市的交通能耗。Pucher 和 Lefevre（1996）也发现城市密度越高，机动车平均出行需求和出行距离越少。Harmaajärvi（2002）模拟采用紧凑的城市空间形态，推算出芬兰赫尔辛基市可降低 35% 的二氧化碳排放量。Hankey 和 Marshall（2010）的研究表明，综合紧凑的城市开发方式，可以使美国过去 20 年的温室气体排放总量减少 15%~20%。Ewing 和 Rong（2008）通过运用城市空间形态指数来量化城市空间形态与居民能源消耗，发现紧凑的城市空间形态可有效降低城市居民的能耗，另外，紧凑城市空间形态也使得住宅紧凑布局，节省的交通和取暖能耗要大于由于城市热岛效应增加的夏季制冷能耗，相比更为低碳。

但也有学者指出城市的高密度紧凑形态只有结合土地的混合开发才能有效降低居民的交通出行量。Newman（1996）认为影响城市交通能耗的主要因素是现代城市中土地混合利用的程度。Frank 等（1994）指出土地的混合利用程度和交通可达性，相对于城市密度更能影响机动车的出行需求和实际发生量。Cervero（1996）对美国59个大型郊区办公项目的研究表明，商业零售建筑面积每增加20%，公共交通出行比例就会增加4.5%，从而降低整个城市的碳排量。Young和Bowyer（1996）通过应用两个模型在提高开发强度和强化用地功能混合两种情景下，预测澳大利亚墨尔本的空气质量，发现高强度的土地开发还须配合近距离的就业和居住才能显著降低居民出行量。Buchanan（2006）等通过对三种城市空间形态下的大气污染模拟发现，功能混合的紧凑城市相对于低密度的分散型城市及沿交通线分布的网络型城市，具备更好的空气质量。丁成日（2007）认为功能混合的城市空间形态可在显著增加公交使用量的同时，抑制小汽车的出行比重。2002年美国加州政府进行的关于居民交通出行方式与城市土地利用模式之间关系的实证研究也表明，没有土地利用的混合性和高密度性，即便拥有发达高效的公共交通也无法减少机动车的出行量。Edward和Kahn（2010）通过对美国66个主要城市的研究发现，土地开发强度和功能混合程度越高，居民交通出行的人均碳排量就越低。

2.4.6 城市空间结构的空间绩效评价研究

多数学者沿袭"外部物质空间"的紧凑度概念对城市空间结构进行空间绩效评价，发现居民就近工作的多中心组团式集中布局的城市空间结构具有最佳的空间绩效。Carrol（1977）以两个城市近30年的数据作为基础，比较蔓延和组团两种情形下的能耗节约百分比，发现若以无控制的蔓延发展模式为基准0.0，那么组团式的发展模式下两城市可分别节省51.9和19.0的交通能耗。Buchanan（2006）通过研究发现，影响交通方式比例和出行距离的主要因素是出行者从居住地到中央商务区（CBD）的距离，而非城市的密度，这个结论可被进一步引申为"单中心或者多中心、组团式、走廊式或者蔓延式的城市空间结构对城市交通碳排量的影响要大于城市密度对城市交通碳排量的影响"，多中心走廊式的城市空间形态相对于单中心形态，出行者从居住地到工作岗位的距离较短，也即更少的出行能耗和碳排量。将组团扩大至城市，不少学者相信采取城市群策略走廊城市和边缘城市也可以获得较好的空间绩效（Williams等，2000；王朝晖，2001）。

其他学者从城市"内部功能空间"的角度出发，也发现居民就近工作的多中心组团式集中布局的城市空间结构具有最佳的空间绩效。吕斌等（2011）以建成区商业、医疗、教育和文化娱乐四种设施为基础，以居民到达城市服务中心的空间距离为依托，采用服务面积等效圆的概念计算出平均服务半径和城市空间紧凑度，分析各类城市空间形态的低碳发展模式（吕斌和孙婷，2013），发现规模合理、多中心组团式城市空间形态的空间绩效最优（吕斌和曹娜，2011），双城增长模式则是最优的空间增长模式（吕斌和刘津玉，2011）。蒋佩珊（2008）实证证明在城市内部设置多个次级商业中心可有效减轻城市中心的交通拥堵。Fujiwara 等（2004）利用 1985 年数据对广岛都市圈的人口分布和机动车交通出行情况进行模拟，在设置五种居住就业情景和三种空间形态（集中、郊区化、分散）下比较各种组合的机动车出行能耗，发现在人口集中居住和分散就业情况下的城市总能耗量最低，其次是人口就业和居住都集中，城市总能耗量最高的情况是人口分散和就业集中。

3

城市空间绩效评估模型
及数据来源

基于居民获取服务的出行时间，使用泰森多边形、引力模型和潜力模型等方法进行计算，计算得到的结果即城市空间紧凑度和均衡度，两个指标可以作为城市空间绩效的评估指标。

3.1 城市空间绩效评估模型

3.1.1 城市群空间结构紧凑度模型

定义 S 为居民前往城镇获取服务的出行距离的矩阵。通过计算总出行距离 $\text{tr}(S)$，除以出发地与目的地个数的乘积（$m \times n$）得到出行平均距离，再除以居民出行速度 aV（参数 a 根据不同道路优先级取值），得出居民出行的平均时间 T，进而计算城市群空间结构紧凑度 C。

运用此原理，可以计算居民在村镇、县城、城市之间的出行时间，分别得到县域、市域和区域三个维度的空间结构紧凑度。县域空间结构紧凑度包括村到镇紧凑度和镇到镇紧凑度；市域空间结构紧凑度包括镇到县城紧凑度和县城到县城紧凑度；区域空间结构紧凑度包括县城到城市紧凑度和城市到城市紧凑度。

$$S = D_{ij} \tag{3-1}$$

$$T = \text{tr}(S) / (aV \cdot m \cdot n)$$

$$C = 1 / T^2$$

需要指出的是，如果没有特殊说明，任意维度下的紧凑度，是指根据居民从较低层级聚落前往较高层级聚落（如村到镇、镇到县城、县城到城市等）所耗费的出行时间计算得出的空间结构紧凑度。

3.1.2 城市群空间网络均衡度模型

引力指数用于表达城镇之间联系的强度，本书通过引力模型和潜力模型（表 2-3）进行计算，定义 Z 为引力指数。

$$F_j = kS_iS_j / T_{ij}^2 \tag{3-2}$$

$$R_j = \sum_{j=1}^{n} F_j$$

$$Z_j = \frac{R_j}{\sum_{j=1}^{n} R_j}$$

式中：F_j—— j 城市对 i 城市的引力；

T_{ij}—— j 城市和 i 城市的路径耗时；

S_i 和 S_j—— i 城市和 j 城市的相互引力，评估指标如 GDP、人口数量、企业数量等；

Z_j—— j 城市在城市网络中的引力指数；

n—— 城市网络中的城市数量；

k—— 引力系数，通常取值为 1。

采用 Narisra Limtanakool 于 2007 年及 2009 年提出的强度（strength）+对称性（symmetry）+结构（structure）的 3S 框架方法。通过网络聚集度公式，拓展出新的网络扁平化度测量公式，用以测量网络功能节点均衡度，将 N 定义为城市空间网络均衡度，则有：

$$N = -\sum_{j=1}^{n} \frac{Z_j \ln Z_j}{\ln n} \tag{3-3}$$

n 表示网络中的节点数量且 $0 \leq N \leq 1$。N 越趋近于 0，网络节点强度越不同，空间极化越严重；N 趋近于 1 时，网络节点强度越相同，空间网络越均衡。

3.1.3 建成区城市服务中心服务半径模型

为定义城市建成区各级各类服务中心的服务范围（图 3-1），将服务设施 j 的服务面积定义为 A_j，则与其面积相同的圆的半径 R_j 为：

$$R_j = \sqrt{\frac{A_j}{\pi}} \tag{3-4}$$

设 r_j 是地点 i 到设施 j 的出行距离，D_j 为设施 j 服务范围 A_j 内所有点至设施 j 的总出行距离，则有：

$$D_j = \int_0^{R_j} \pi(R_j^2 - r_j^2) dr_j = \pi(R_j^2 r_j - \frac{r_j^3}{3})\Big|_0^{R_j} = \frac{2}{3}\pi R_j^3 \tag{3-5}$$

服务范围 A_j 内发生出行点的总数为：

$$M_j = \pi R_j^2 \tag{3-6}$$

由此得到设施 j 的服务半径 d_j 为：

$$d_j = D_j / M_j = \frac{2}{3} R_j \tag{3-7}$$

所有设施的平均服务半径为：

$$D = \frac{1}{n} \sum_{j=1}^{n} d_j = \frac{1}{n} \sum_{j=1}^{n} \frac{2}{3} \sqrt{\frac{A_j}{\pi}} \tag{3-8}$$

计算得出以出行耗时为测度的设施平均服务半径 T：

$$T = D / \alpha v \tag{3-9}$$

进而得出城市建成区空间结构的紧凑度 C'：

$$C' = 1 / T^2 \tag{3-10}$$

以及城市建成区空间结构的均衡度 B'：

$$B' = 1 / \sqrt{\sum_{j=1}^{n} (T_j - \bar{T})^2 / N} \tag{3-11}$$

式中：v——居民出行速度；

α——道路等级。

可知，城市空间结构紧凑度 C' 值与居民获取服务的出行时间呈负相关，C' 值越小，居民获取服务的出行时间就越长。城市空间结构均衡度 B' 值与居民出行时间呈负相关，B' 值越低，居民之间出行时间的差异就越大。

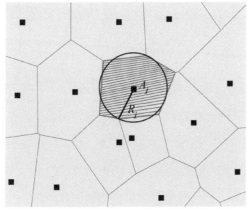

图 3-1　城市服务中心服务范围示意图

（来源：国家自然科学基金资助项目《城市形态和土地利用强度的环境响应机制研究》（编号：40671059），主持人为吕斌，研究单位为北京大学）

3.1.4　紧凑度与城市交通碳排量的换算关系

根据中国科学院发布的《2009 中国可持续发展战略报告——探索中国特色的低碳道路》，城市碳排量在生产、建筑、交通等领域相对较高，其排放总量为：

$$P = K \cdot E \tag{3-12}$$

式中：K——碳排放强度系数；

E——能源使用总量。

根据本书模型，城市空间结构紧凑度 $C = 1/T^2$，则有城市路面交通碳排量：

$$P_t = \frac{K_t \cdot E_t}{\sqrt{C}} \tag{3-13}$$

紧凑度与城市交通碳排量存在反比的换算关系，其中 P_t 为城市路面交通碳排量；K_t 为城市路面交通碳排放系数，不同出行方式对应着不同的排放系数；E_t 为车辆耗油量；C 为城市空间结构紧凑度。城市空间结构紧凑度每增大一倍，居民的路面交通出行时间将会随之减少约 30%，这也意味着车辆耗能量减少 30%，城市路面交通碳排量随之减少 30%。

因此，借助空间结构紧凑度，以城市居民的交通出行时间为测度，可对城市群和建成区空间结构的空间绩效进行间接的量化和评估，进而探寻影响城市空间绩效的主要因素。

3.2 居民出行最优路径选择

3.2.1 居民出行的最优路径方式选择

居民出行涉及不同的出行路径，一般多数倾向于选择速度最快的出行方式。城市群尺度有铁路、高速路、国道、省道、县道、乡镇村道等道路类型，建成区尺度有主干道、次干道、支路等道路类型，不同等级道路的出行速度不相同，居民对它们的选择优先顺位也有区别，城市群尺度下的道路优先级为铁路＞高速路＞国道＞省道＞县道＞乡镇村道，建成区尺度下的道路优先级为主干道＞次干道＞支路。

如果城市 A 和城市 B 处之间存在不同路面交通方式接驳，由于居民出行优先选择速度最快的道路类型，那么居民的实际出行时间就是各种最短路径耗时的组合。如城市 A 和城市 B 处之间存在城市 S，A 与 S 之间有高速、国道、省道、县道四种交通方式，S 与 B 之间有铁路、高速、国道、省道四种交通方式。因为在出行速度上铁路＞高速＞国道＞省道＞县道，所以 A 与 B 处之间的出行路径方式，就是居民在 A 与 S 段耗时最短的路径（高速）和居民在 S 与 B 之间耗时最短的路径（铁路）的组合。居民出行的路径和时间构成如图 3-2 所示。

具体而言，运用 ArcGIS 空间分析技术，对城市群的高铁、高速路、国道、省道、县道、乡镇村道等路面出行方式，建成区的主干道、次干道、支路等路面出行方式进行优先级赋值，使得居民出行在镇、县城、城市等交通接驳点的时候，出行方式自动切换到最优路径上来，即始终选择速度最快的路面出行方式。

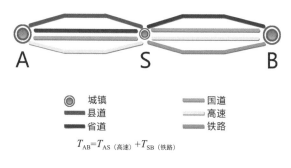

$T_{AB}=T_{AS\,(高速)}+T_{SB\,(铁路)}$

图 3-2 居民出行的路径和时间构成

（见文后彩图）

3.2.2 城市空间结构的空间绩效评估路径

假设居民在同类型出行路径的出行速度都相同,那么居民为了获取商业、医疗、教育、行政等服务的出行距离越长,则其出行时间越长,整个城市路面交通所耗费的能源和碳排量就越大。在这种情况下,城市服务的空间分布越紧凑,意味着居民获取服务的出行距离越短;分布越均衡,则意味着不必跨区出行即可获取服务,所以当城市空间结构的紧凑度和均衡度同时取得最高值时,城市居民为获取商业、医疗、教育、行政等服务的平均出行时间短,城市交通碳排量小,以此为研究切入点的城市空间结构的空间绩效也就高。紧凑度与均衡度见表 3-1。

因此,本书从城市"内部功能空间"出发,计算居民前往同级或较高级服务中心(设施)的出行时间,并以此为测度,构建城市空间绩效评估模型,利用 2012 和 2016 年度各地 POI(point of interests)数据和其他相关基础数据,计算得出不同尺度下的城市空间结构紧凑度和网络均衡度并将它们作为城市空间绩效的评估指标。

表 3-1 紧凑度与均衡度

紧凑度	均衡度	
	均衡度低	均衡度高
紧凑度低		
紧凑度高		

3.2.3 城市空间绩效评估的研究案例

在城市群尺度，选择京津冀城市群、长三角城市群、珠三角城市群这几个在我国规模较大、社会经济发展水平较高且地形也较为平整的城市群（以便消除地形起伏带来的干扰），以城市群各级道路交通网络为基础，对道路优先级进行分类处理，计算居民从出发点前往同级或较高一级服务中心花费的最优时间，加和后得到出行时间。首先计算"乡村－中心镇－县城－城市"纵向出行时间，根据研究模型推算城市群空间结构紧凑度；同理，计算"中心镇－中心镇""县城－县城""城市－城市"的横向出行时间，结合空间相互作用模型中的引力模型和潜力模型，计算得到城市群空间网络均衡度。

在城市建成区尺度，以北京、重庆和深圳为例，由于其地形特征和城市等级不同（表 3-2），故更有代表性。计算这三座城市居民在城市服务中心之间的出行时间，得出城市空间结构紧凑度和均衡度，并将它们作为空间绩效评估指标，对比分析 2012—2016 年三大城市空间结构演变的空间绩效。

本书暂规定"村"指代乡村村落；"镇"指代镇级聚落，包括乡、集镇和建制镇等；"县城"指代所有县级聚落，包括城市内部的区和县，以及县级市等；"城市"指代所有市级聚落，此处"聚落"在本研究中代表服务中心驻地。

表 3-2 城市分类

城市名称	城市等级	地形特征
北京	首都	平原
重庆	直辖市	山区
深圳	地级市	丘陵

3.3 数据构成与来源

本书共搜集了京津冀、长三角和珠三角城市群，以及北京、天津、重庆、苏州和广州、深圳等城市的相关数据，主要包括以下几个方面。

3.3.1 城市及设施空间分布数据

在 2016 年度各地 POI 数据信息基础上，结合现场调研与资料搜集，将案例城市群（包括下面的市、县、镇及村）的行政驻地位置，以及案例城市的行政驻地、商场、医院、学校等数据整合建立地理信息系统数据库。

其中，京津冀城市群共有 205 个区县和 13 个城市。长三角城市群共有 128 个区县和 14 个城市。珠三角城市群共有 47 个区县和 9 个城市。天津市共有 257 个乡镇和 16 个区县。苏州市共有 50 个乡镇和 11 个区县。广州市共有 149 个乡镇和 50 个区县。天津静海区共有 181 个村落和 19 个乡镇。苏州常熟市共有 3091 个村落（自然村）和 10 个乡镇（含现虞山街道和碧溪街道）。广州增城区共有 253 个村落和 15 个乡镇。

3.3.2 道路网络数据

根据 2016 年度各地 POI 数据信息，结合案例城市的道路网络，并参考相关专题地图和网络地图，对目标路网进行补充和完善，构建地理信息数据库。道路网络数据库主要包含空间位置、道路级别和道路长度等信息，涵盖了案例城市群的铁路、高速路、国道、省道、县道和乡镇村道，以及案例城市的主干道、次干道和支路等各种道路类型。

3.3.3 城市基础数据

根据各个城市 2016 年的官方统计年鉴，收集、整理和加工各案例城市群（包括下面的市、县、镇及村）和案例城市的行政区划面积、人口、GDP 等数据，以作下一步量化研究的基础数据。

3.4 数据处理与运算

基于2016年度各地POI数据信息,通过城市群尺度下空间结构紧凑度模型和空间网络均衡度模型,对区域单元的京津冀、长三角和珠三角城市群,市域单元的天津市、苏州市和广州市,县域单元的天津静海区、苏州常熟市和广州增城区,分别进行计算与验证;在建成区尺度下,对北京、重庆、深圳2012—2016年的城市空间绩效进行实证研究和评估。

一般而言,不同的道路等级对应不同的出行速度,居民出行倾向于选择速度较快的道路类型,速度越快优先级越高。城市群交通路网选择的优先顺位由高到低分别是铁路、高速路、国道、省道、县道、乡镇村道。城市群交通路网的行车速度及优先级见表3-3。城市建成区交通路网选择的优先顺位由高到低分别是快速路、主干道、次干道、支路。城市建成区交通路网的行车速度及优先级见表3-4。

表 3-3 城市群交通路网的行车速度及优先级

	行车速度/(千米/时)	优先级
铁路	200	1
高速路	90	2
国道	60	3
省道	50	4
县道	40	5
乡镇村道	30	6

图表来源:参照《中国城市道路设计规范》取值。

表 3-4 城市建成区交通路网的行车速度及优先级

	行车速度/(千米/时)	优先级
快速路	80	1
主干路	60	2
次干路	40	3
支路	30	4

图表来源:参照《中国城市道路设计规范》取值。

3.4.1 区域GDP、企业及路网分布

长三角城市群的GDP密度为1.02亿元/千米^2,远远超过京津冀和珠三角城市

群的 GDP 密度 0.32 亿元 / 千米² 和 0.31 亿元 / 千米²（详见表 3-5）。在 GDP 的空间分布上，长三角地区几个核心城市的 GDP 总量相差不大且分布较为均匀，但京津冀地区只有北京、天津和唐山三个分布较为集中的核心城市，而珠三角东北部城市的 GDP 接近但东南部城市的 GDP 则与之差距明显。三大区域各城市 GDP 分布如图 3-3 所示。

京津冀城市群的企业密度为 0.26 个 / 千米²，大于长三角和珠三角的企业密度 0.07 个 / 千米² 和 0.22 个 / 千米²（详见表 3-5）。这三大区域企业分布密度如图 3-4 所示。在企业的空间分布上，京津冀地区的企业大部分集中分布于北京和天津两地，长三角地区的企业主要沿着上海－苏州－无锡方向分布，珠三角地区的企业集中分布在环珠江湾的区域。三大区域各城市企业分布如图 3-5 所示。

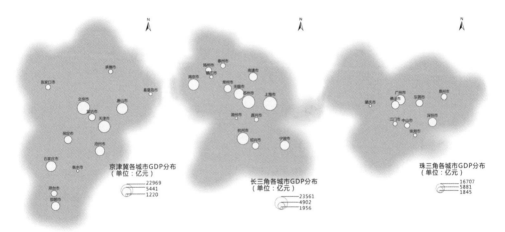

图 3-3 三大区域各城市 GDP 分布

表 3-5 区域 GDP 密度及企业密度比较

	城市数目 / 个	GDP 密度 /（亿元 / 千米²）	企业密度 /（个 / 平方千米）
京津冀城市群	13	0.32	0.26
长三角城市群	14	1.02	0.07
珠三角城市群	9	0.31	0.22

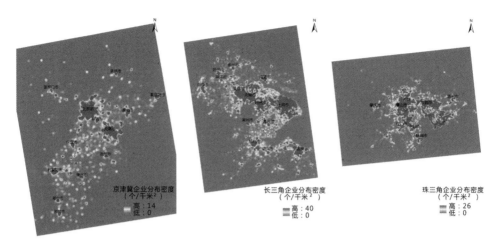

图 3-4 三大区域企业分布密度

(见文后彩图)

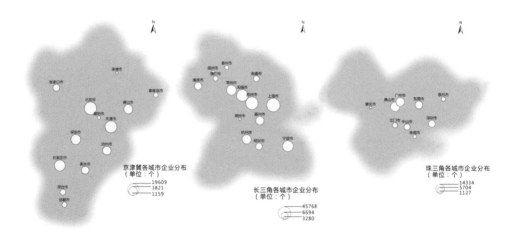

图 3-5 三大区域各城市企业分布

　　城市群交通路网包括铁路、高速路、国道、省道和县道。总体来看，长三角城市群在铁路、高速路、县道、总路网密度上均排名第一，而京津冀城市群除了铁路网密度外，均落后于另外两个城市群，珠三角城市群介于两者之间，但在省道路网密度上有优势（详见表3-6）。区域路网分布对比如图 3-6 所示。

表 3-6 区域各类道路网密度

	县道	省道	国道	高速路	铁路	总路网	区域面积
京津冀城市群	0.08	0.09	0.04	0.07	0.03	0.31	21.89
长三角城市群	0.29	0.14	0.04	0.13	0.03	0.62	10.00
珠三角城市群	0.14	0.16	0.05	0.12	0.01	0.47	4.44

注：路网密度单位为千米/千米²；面积单位为万平方千米。

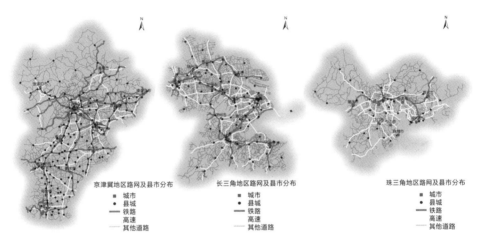

图 3-6 区域路网分布对比

（见文后彩图）

3.4.2 市域 GDP 及路网分布

广州市的 GDP 密度最高，苏州市次之，天津市最低，这与广州和苏州较高的经济发展水平是吻合的（详见表 3-7）。市域 GDP 分布对比如图 3-7 所示。

表 3-7 市域城市密度及 GDP 密度比较

	区县数目/个	县城密度/（个/百千米²）	GDP 密度/（亿元/千米²）
天津市域	16	0.13	1.49
苏州市域	11	0.16	1.94
广州市域	12	0.17	2.33

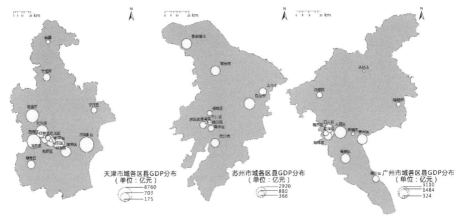

图 3-7 市域 GDP 分布对比

市域交通路网由高速路、国道、省道、县道和乡镇村道构成。苏州市在乡镇村道密度和路网总密度上处于前列，天津市全面落后，广州市介于二者间，但在国道和高速路网的密度上有微弱优势（详见表 3-8）。市域路网分布对比如图 3-8 所示。

表 3-8 市域各类道路网密度

	乡镇村道	县道	省道	国道	高速路	总路网	市域面积
天津市域	0.84	0.12	0.25	0.05	0.20	1.46	1.21
苏州市域	2.85	0.36	0.21	0.08	0.22	3.72	0.67
广州市域	2.13	0.15	0.25	0.09	0.24	2.87	0.72

注：路网密度单位为千米/千米^2；面积单位为万平方千米。

图 3-8 市域路网分布对比

（见文后彩图）

3.4.3 县域人口及路网分布

苏州常熟市的人口密度最高，广州增城区次之，天津静海区最低，这与苏州和广州市场经济发达、流动人口众多的区域发展状况相符合（详见表3-9）。县域人口分布对比如图3-9所示。

县域交通路网由高速路、国道、省道、县道和乡镇村道构成。天津静海区道路总密度最低但高速路路网密度最高，苏州常熟市在乡镇村道路网密度上领先，广州增城区各项指标均介于二者之间（详见表3-10）。县域村镇路网分布对比如图3-10所示。

表 3-9　县域乡镇密度及人口密度比较

	乡镇数目/个	乡镇密度/（个/百千米²）	人口密度/（人/千米²）
天津静海区	19	1.22	416
苏州常熟市	10	0.87	1314
广州增城区	15	0.98	701

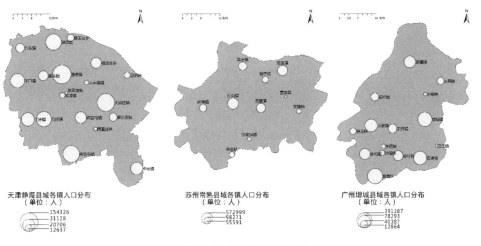

图 3-9　县域人口分布对比

表 3-10 县域各类道路网密度

	乡镇村道	县道	省道	国道	高速路	总密度	县域面积
天津静海区	1.11	0.05	0.17	0.04	0.21	1.58	1553.45
苏州常熟市	2.57	0.35	0.27	0.17	0.08	3.43	1149.71
广州增城区	1.40	0.11	0.24	0.07	0.12	1.93	1737.53

注：路网密度单位为千米/千米²；面积单位为万平方千米。

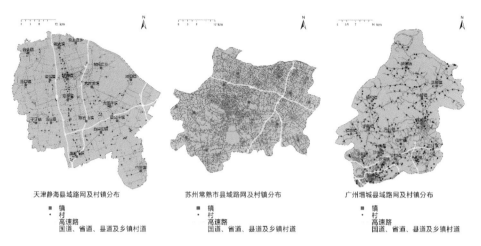

图 3-10 县域村镇路网分布对比

（见文后彩图）

3.4.4 建成区服务中心设定

以2012和2016年度全国城市POI数据信息为基础，结合各城市服务设施的类型、业态、服务功能、服务面积等信息，参考城市服务中心分级标准，筛选划分出市区级、社区级两个不同等级的服务中心。城市服务中心评估标准见表3-11。

表 3-11 城市服务中心评估标准

	市区级服务中心	社区级服务中心
业态	大型购物中心、大型公共服务设施，以及各类餐饮、便民设施	中型购物中心、小型公共服务设施，以及各类餐饮和便民设施
服务功能	购物、金融、文化、娱乐、餐饮、医疗、中高级教育、交通等	购物、文化、娱乐、餐饮、初级教育、社区医疗等
服务面积	25公顷以上	3~8公顷

3.4.5 城市群居民出行时间计算

城市群中居民的出行一般分为两种：一种是从低级服务中心到高级服务中心的出行（如村到镇，镇到县，县到市）；另外一种是同级服务中心之间的出行（如镇到镇，县到县，市到市）。

3.4.6 建成区居民出行时间计算

将建成区服务中心的服务范围，换算为等面积圆后计算出平均服务半径，除以速度后得到出行时间，然后根据研究模型计算得出建成区空间结构紧凑度和均衡度。使用 ArcGIS，根据研究模型计算北京市、重庆市和深圳市基于两个服务层级的服务中心的空间分布测量出的市区级和社区级紧凑度，以及市区级和社区级均衡度。

4

城市空间绩效实证测算

选取京津冀城市群、长三角城市群、珠三角城市群，北京、重庆、深圳三个超大城市，以及苏州常熟市、天津市静海区、广州市增城区三个县域单元为研究对象，将基于居民获取服务的出行时间测算得到的紧凑度和均衡度作为城市空间绩效的评估指标，并归纳总结城市空间绩效的影响因素。

4.1 城市群空间绩效

4.1.1 区域单元空间结构紧凑度和网络均衡度

（1）空间结构紧凑度

计算结果显示，区域单元的空间结构紧凑度方面，珠三角城市群最高，长三角城市群次之，京津冀城市群最低，如表4-1所示。

县到市紧凑度，是根据县级中心与市级中心之间平均距离计算的区域空间结构紧凑度（见表4-1和图4-1），由大到小排列，结果为珠三角城市群（0.62）、长三角城市群（0.18）、京津冀城市群（0.11）。县到市平均距离是指县级中心与市级中心的平均出行时间，由小到大排列，结果为珠三角城市群（1.27小时）、长三角城市群（2.34小时）、京津冀城市群（3.03小时）。

市到市紧凑度，是根据市级中心与市级中心之间平均距离计算的区域空间结构紧凑度（见表4-1和图4-2），由大到小排列，计算结果为珠三角城市群（0.72）、长三角城市群（0.19）、京津冀城市群（0.11）。市到市平均距离是指市级中心与市级中心的平均出行时间，由小到大排列，结果为珠三角城市群（1.18小时）、长三角城市群（2.29小时）、京津冀城市群（3.03小时）。

县到市最短距离，是县级中心与最近市级中心的平均出行时间（见表4-1和图4-3），由小到大排列，计算结果为珠三角城市群（0.50小时）、长三角城市群（0.53小时）、京津冀城市群（0.74小时），显然京津冀地区居民就近获取较高级服务的耗时过长，珠三角相对较优，长三角居中，这也与它们在紧凑度上的表现是吻合的，即珠三角城市群的紧凑度（0.62）＞长三角城市群的紧凑度（0.18）＞京津冀城市群的紧凑度（0.11）。

表 4-1 区域居民出行耗时及紧凑度比较

	县到市 最短距离/小时	县到市 平均距离/小时	市到市 平均距离/小时	县到市 紧凑度	市到市 紧凑度
京津冀城市群	0.74	3.03	3.03	0.11	0.11
长三角城市群	0.53	2.34	2.29	0.18	0.19
珠三角城市群	0.50	1.27	1.18	0.62	0.72

注：最短距离表示低级中心与其路径最近的较高级中心的时间距离。

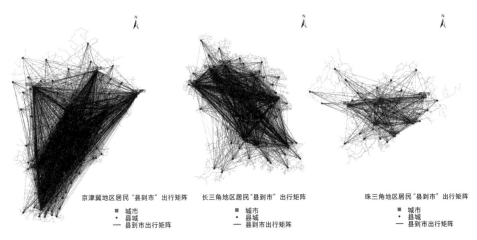

图 4-1 区域县到市 OD（出发点－目的地）出行矩阵
（见文后彩图）
说明：OD 出行矩阵只是一个出行示意，而不是居民的实际出行路径。

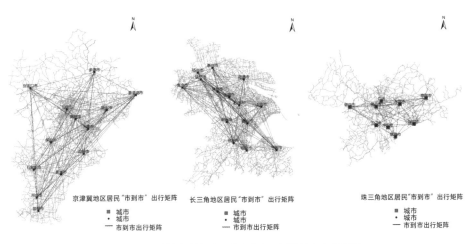

图 4-2 区域市到市 OD（出发点－目的地）出行矩阵
（见文后彩图）
说明：OD 出行矩阵只是一个出行示意，而不是居民的实际出行路径。

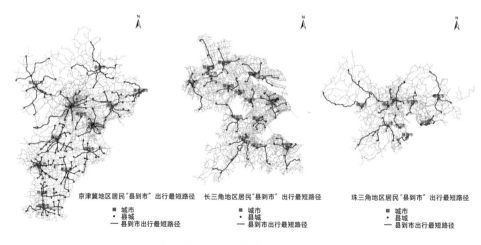

图 4-3 区域县到市出行最短路径

（见文后彩图）

（2）空间网络均衡度

计算区域单元的空间网络均衡度，长三角城市群最高，京津冀城市群次之，珠三角城市群最低。

具体而言，区域单元下基于 GDP 分布的城市空间网络均衡度，如图 4-4 所示，由大到小排列，分别是长三角城市群（0.90）、京津冀城市群（0.82）、珠三角城市群（0.70）。

区域单元下基于企业分布的城市空间网络均衡度，如图 4-5 所示，由大到小排列，分别是长三角城市群（0.84）、京津冀城市群（0.78）、珠三角城市群（0.69）。

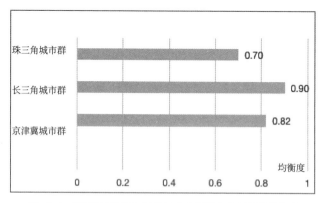

图 4-4 区域单元下基于 GDP 分布的城市空间网络均衡度

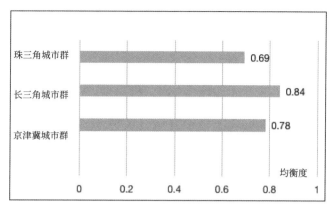

图 4-5　区域单元下基于企业分布的城市空间网络均衡度

当路网速度提升，紧凑度增大时，城市体系结构反而出现极化。具体而言，随着区域道路网络尤其是铁路运营速度的提升，城市体系空间结构均衡度出现微弱的下降趋势。铁路、高速路、国道、省道、县道的初始设定速度分别为 200、90、60、50 和 40 千米每小时，以 10 千米每小时为单位，分别将各类型道路的速度按相同数量加大，发现路网速度增大后居民的出行耗时减少，但城市体系空间网络均衡度反而呈现出下降趋势，如表 4-2 所示。

表 4-2　紧凑度增大后城市体系空间网络均衡度的变化

	城市数/个	路网速度增幅/（千米/时）	时间距离/小时	紧凑度	均衡度（GPD）	均衡度（企业）
京津冀城市群	13	−20	3.94	0.06	0.8228	0.7869
		−10	3.40	0.09	0.8221	0.7860
		0	**3.03**	**0.11**	**0.8218**	**0.7841**
		+10	2.75	0.13	0.8205	0.7817
		+20	2.52	0.16	0.8182	0.7788
珠三角城市群	9	−20	2.20	0.21	0.8251	0.8354
		−10	1.83	0.30	0.8213	0.8320
		0	**1.57**	**0.43**	**0.8188**	**0.8296**
		+10	1.39	0.52	0.8172	0.8280
		+20	1.24	0.65	0.8151	0.8259
长三角城市群	14	−20	3.10	0.10	0.8977	0.8526
		−10	2.62	0.15	0.8976	0.8483
		0	**2.29**	**0.19**	**0.8974**	**0.8392**
		+10	2.03	0.24	0.8971	0.8342
		+20	1.83	0.30	0.8967	0.8300

4.1.2 市域单元空间结构紧凑度和网络均衡度

（1）空间结构紧凑度

计算市域单元下基于镇到县出行路径的空间结构紧凑度，广州市最高，天津市次之，苏州市最小；基于县到县出行路径的空间结构紧凑度，则苏州市最高，广州市次之，天津市最低，如表4-3所示。

镇到县紧凑度，是基于镇级中心与县级中心之间镇到县平均距离计算的市域空间结构紧凑度（表4-3和图4-6），从大到小排列，结果为广州市（2.14）、天津市（1.44）、苏州市（1.22）。镇到县平均距离是指镇级中心与县级中心的平均出行时间，从小到大排列，结果为广州市（0.68小时）、天津市（0.83小时）、苏州市（0.91小时）。

县到县紧凑度，是基于县级中心与县级中心之间县到县平均距离计算的市域空间结构紧凑度（表4-3和图4-7），从大到小排列，结果为苏州市（2.28）、广州市（2.15）、天津市（1.75）。县到县平均距离是指县级中心与县级中心的平均出行时间，从小到大排列，结果为苏州市（0.66小时）、广州市（0.68小时）、天津市（0.76小时）。

镇到县最短距离，即镇级中心与最近县级中心的平均出行时间（表4-3和图4-8），从小到大排列，结果为广州市（0.23小时）、天津市（0.26小时）、苏州市（0.42小时）。苏州市的指标几乎达到天津市和广州市指标的两倍，表明苏州市居民获取较高级服务的出行时间太长。

表 4-3 市域居民出行耗时及紧凑度比较

	镇到县 最短距离/小时	镇到县 平均距离/小时	县到县 平均距离/小时	镇到县 紧凑度	县到县 紧凑度
天津市	0.26	0.83	0.76	**1.44**	1.75
苏州市	0.42	0.91	0.66	**1.22**	2.28
广州市	0.23	0.68	0.68	**2.14**	2.15

注：最短距离表示低级中心与其路径最近的较高级中心的时间距离。

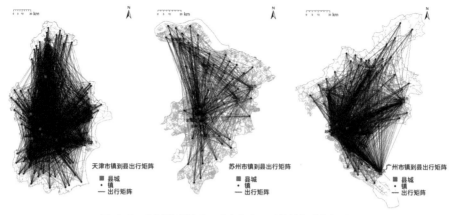

图 4-6　市域镇到县 OD（出发点－目的地）出行矩阵
（见文后彩图）

说明：OD 出行矩阵只是一个出行示意，而不是居民的实际出行路径。

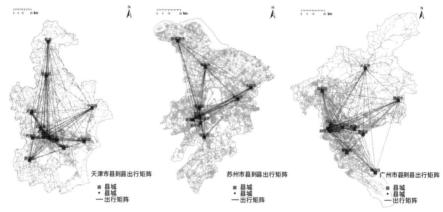

图 4-7　市域县到县 OD（出发点－目的地）出行矩阵
（见文后彩图）

说明：OD 出行矩阵只是一个出行示意，而不是居民的实际出行路径。

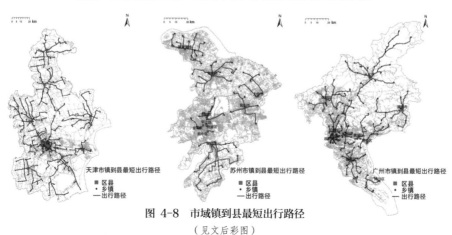

图 4-8　市域镇到县最短出行路径
（见文后彩图）

4　城市空间绩效实证测算 ｜ 055

（2）空间网络均衡度

计算市域单元的空间网络均衡度，结果显示苏州市空间网络均衡度最高，天津市次之，广州市最低，如图4-9所示。具体而言，市域单元下基于GDP分布的城市空间网络均衡度由大到小排列，分别为苏州市（0.96）、天津市（0.88）、广州市（0.74）。

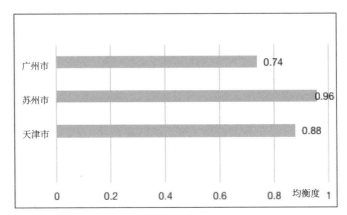

图 4-9　市域单元下基于GDP分布的城市空间网络均衡度

4.1.3 县域单元空间结构紧凑度和网络均衡度

（1）空间结构紧凑度

通过计算县域单元的空间结构紧凑度可以得知，苏州常熟市空间结构紧凑度最高，天津静海区次之，广州增城区最低，如表4-4所示。

村到镇紧凑度，是基于村庄与镇级中心点之间的村到镇平均距离所计算的县域空间结构紧凑度（表4-4和图4-10），由大到小排列，结果为苏州常熟市（5.18）、天津静海区（4.04）、广州增城区（3.18）。村到镇平均距离是指村庄与镇级中心的平均出行时间，由小到大排列，结果为苏州常熟市（0.44小时）、天津静海区（0.50小时）、广州增城区（0.56小时）。

镇到镇紧凑度，是基于镇级中心与镇级中心之间的镇到镇平均距离所计算的县域空间结构紧凑度（表4-4和图4-11），由大到小排列，结果为苏州常熟市（5.03）、天津静海区（3.99）、广州增城区（3.85）。镇到镇平均距离是指镇级中心与镇级中心的平均出行时间，由小到大排列，结果为苏州常熟市（0.45小时）、天津静海区（0.50小时）、广州增城区（0.51小时）。

村到镇最短距离，即村庄与最近镇级中心的平均出行时间（见表4-4和图4-12），由小到大排列，结果为天津静海区（0.12小时）、广州增城区（0.14小时）、苏州常熟市（0.17小时）。值得指出的是，这项指标的排序与前面几项略有不同，天津静海区的村民抵达最近镇级中心的出行时间最短，而在镇到县出行路径和镇到镇出行路径下时间距离最短的苏州常熟市，该项指标却是最长。

表 4-4 县域居民出行耗时及紧凑度比较

	村到镇 最短距离/小时	村到镇 平均距离/小时	镇到镇 平均距离/小时	村到镇 紧凑度	镇到镇 紧凑度
天津静海区	0.12	0.50	0.50	**4.04**	**3.99**
苏州常熟市	0.17	0.44	0.45	**5.18**	**5.03**
广州增城区	0.14	0.56	0.51	**3.18**	**3.85**

注：最短距离表示低级中心到其路径上最近的较高级中心的时间距离。

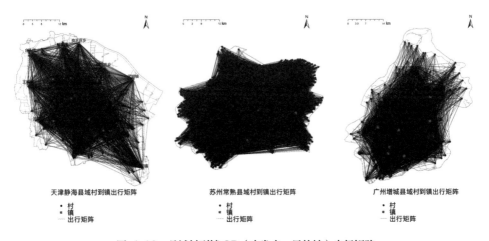

图 4-10　县域村到镇 OD（出发点-目的地）出行矩阵

（见文后彩图）

说明：OD出行矩阵只是一个出行示意，而不是居民的实际出行路径。

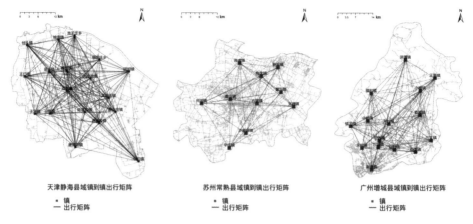

图 4-11　县域镇到镇 OD（出发点－目的地）出行矩阵
（见文后彩图）

说明：OD 出行矩阵只是一个出行示意，而不是居民的实际出行路径。

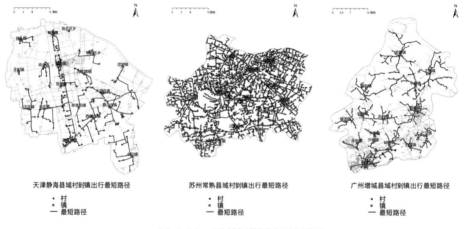

图 4-12　县域村到镇出行最短路径
（见文后彩图）

（2）空间网络均衡度

通过计算县域单元的空间网络均衡度可以得知，苏州常熟市空间网络均衡度最高，天津静海区次之，广州增城区最低，如图 4-13 所示。具体而言，县域单元下基于人口分布的城市空间网络均衡度，由大到小排列，分布是苏州常熟市（0.92）、天津静海区（0.91）、广州增城区（0.91）。

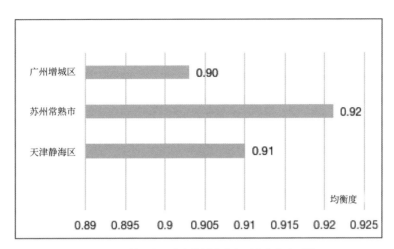

图 4-13 基于人口分布的城市空间网络均衡度对比

4.2 建成区空间绩效

4.2.1 城市蔓延分析

2012 至 2016 年,北京的城市蔓延程度最大,深圳的城市蔓延速度最快,而重庆的社区级服务中心配置改善最佳,如表 4-5 所示。

2012 至 2016 年,三座城市中北京居民到达市区级和社区级服务中心的出行耗时最长。2012 年北京居民到达两级服务中心的耗时分别为 27.50 和 7.83 分钟,2016 年的耗时分别为 31.11 和 7.82 分钟,2012 年和 2016 年的耗时均是三个城市中最高的;同时,2012 至 2016 年,市区级指标有 3.61 分钟的较大增量,能够看出北京的城市蔓延程度较大,建成区面积增长较多,而市区级服务设施的配置未能跟上建成区面积的增长速度。

2012 至 2016 年,深圳居民到达两级服务中心的耗时增量和增速均为最大。2012 年深圳居民到达两级服务中心的耗时分别为 22.09 和 5.94 分钟,2016 年的耗时分别为 28.68 和 6.50 分钟;市区级指标增加了 6.59 分钟的耗时,即 29.83% 的耗时增速,在三个城市中同类指标排名第一;社区级指标增加了 0.56 分钟,即 9.43% 的耗时增速,在三个城市中同类指标中同样排名第一。以上数据表明,深圳是三个城市中城市蔓延速度最快的,且两级服务设施的配置未能跟上建成区面积的增长速度。

2012 至 2016 年,重庆居民到达两级服务中心的出行耗时都最小,同时居民抵达社区级服务中心的出行耗时跌幅和跌速都最大。2012 年重庆居民到达两级服务中心的耗时分别为 16.63 和 7.14 分钟,2016 年的耗时分别为 20.60 和 6.63 分钟;市区级指标有 3.97 分钟的耗时增量,即 23.87% 的耗时增速,该两项指标在三个城市中排名第二;社区级指标则有 0.51 分钟的跌幅,即 7.14% 的耗时跌速,该两项指标在三个城市中都是反向排名第一。以上数据表明,重庆两级服务中心的配置改善非常大,居民抵达社区级服务中心的耗时减少了许多。

表 4-5　2012 年和 2016 年三大城市的空间绩效评估

城市服务中心等级	北京		重庆		深圳	
	市区级	社区级	市区级	社区级	市区级	社区级
2012 年出行耗时/分钟	27.50	7.83	16.63	7.14	22.09	5.94
2016 年出行耗时/分钟	31.11	7.82	20.60	6.63	28.68	6.50
出行耗时增量	3.61	-0.01	3.97	-0.51	6.59	0.56
出行耗时增速/(%)	13.13	-0.13	23.87	-7.14	29.83	9.43
2012 年紧凑度	-0.34	-1.36	1.90	-0.49	0.50	1.50
2016 年紧凑度	-0.74	-1.35	0.80	0.27	-0.24	0.48
紧凑度增量	-0.40	0.01	-1.10	0.76	-0.74	-1.02
2012 年均衡度	-0.91	0.76	0.77	-1.21	-0.18	1.83
2016 年均衡度	-0.82	0.43	-0.67	-0.96	-0.59	-0.01
均衡度增量	0.09	-0.33	-1.44	0.25	-0.41	-1.84

4.2.2　空间绩效评估

计算建成区尺度下的空间结构紧凑度和均衡度，选择在地形和城市级别上都迥异的北京、重庆和深圳作为案例来对比，分析地形和城市级别对城市空间绩效的影响（见表 4-6）。

基于市区级服务中心分布来测度各城市的空间结构紧凑度，得到以下结果：重庆最高，深圳次之，北京最低。2012 和 2016 年重庆的市区级紧凑度分别为 1.90 和 0.80，在同类指标中为最高值，表明重庆市的空间结构最紧凑；深圳的空间结构紧凑度位于第二，而北京 2012 和 2016 年同级指标分别为 -0.34 和 -0.74，远低于重庆和深圳，位居第三。

基于社区级服务中心分布来测度各城市的空间结构紧凑度，得到以下结果：深圳最高，重庆次之，北京最低。2012 和 2016 年深圳的市区级紧凑度分别为 1.50 和 0.48，在同类指标中为最高值，重庆的数据位居第二，而北京 2012 和 2016 年同级指标分别为 -1.36 和 -1.35，依旧远低于深圳和重庆。

表 4-6 2012 年和 2016 年三大城市空间结构紧凑度和均衡度对比

	市区级服务中心			社区级服务中心		
	北京	重庆	深圳	北京	重庆	深圳
紧凑度	-0.34 / -0.74	1.90 / 0.80	0.50 / -0.24	-1.36 / -1.35	-0.49 / 0.27	1.50 / 0.48
均衡度	-0.91 / -0.82	0.77 / -0.67	-0.18 / -0.59	0.76 / 0.43	-1.21 / -0.96	1.83 / -0.01

■ 2012 年数据　■ 2016 年数据

基于市区级服务中心分布来测度空间结构均衡度，能够得出结论：2012 年重庆的均衡度最高，2016 年时深圳赶超重庆，而北京的均衡度一直是三个城市中最低的，却是唯一出现正向增长的城市。2012 年市区级均衡度最高值为重庆的 0.77，深圳为 -0.18，但 2016 年同级指标最高值变为深圳的 -0.59，重庆降为 -0.67，虽然重庆和深圳的均衡度都出现了明显的下滑，但也都高于北京 2012 年的 -0.91 和 2016 年的 -0.82。

基于社区级服务中心分布来测度空间结构均衡度，能够得出：2012 年深圳的均衡度最高，2016 年北京的均衡度超过深圳，位居第一，而重庆的均衡度一直最低，但也出现了唯一的正向增长。2012 年社区级均衡度最高值为深圳的 1.83，北京次之，具体数值为 0.76，但 2016 年同级指标最高值变为北京的 0.43，深圳下降为 -0.01，深圳和北京都出现了明显的下滑。虽然重庆出现 0.25 的增长量，但其两年的均衡度为 -1.21 和 -0.96，处于三个城市的末尾。

4.3 城市引力指数

引力指数是指各城市之间的联系强度，一般以 GDP、人口数量、企业数量等作为测度指标。

4.3.1 基于 GDP 分布测度的城市引力指数

不难发现，当 GDP 高的城市集中在整个区域的中心位置时，它们的引力指数也高，GDP 与引力指数的空间分布大体吻合，如表 4-7 和图 4-14 所示。具体来说，北京和天津的 GDP 和引力指数排序分居第 1、2 名，虽然二者调换了位序，但在 GDP 和引力指数上均远远高于其他城市，其余城市除了秦皇岛的引力指数有较为明显的上升，位序变化都较为有限。

表 4-7 京津冀各城市 GDP 和基于 GDP 分布测度的引力指数

城市	GDP/亿元	GDP 排序	引力指数_GDP	引力指数排序	位序变化
北京市	22969	1	0.2310	2	↓1
天津市	16538	2	0.2565	1	↑1
唐山市	6103	3	0.1375	3	—
石家庄市	5441	4	0.0853	4	—
沧州市	3241	5	0.0647	5	—
邯郸市	3145	6	0.0260	8	↓2
保定市	3000	7	0.0633	6	↑1
廊坊市	2474	8	0.0524	7	↑1
邢台市	1765	9	0.0210	10	↓1
张家口市	1364	10	0.0122	12	↓2
承德市	1359	11	0.0122	11	—
秦皇岛市	1250	12	0.0256	9	↑3
衡水市	1220	13	0.0122	13	—

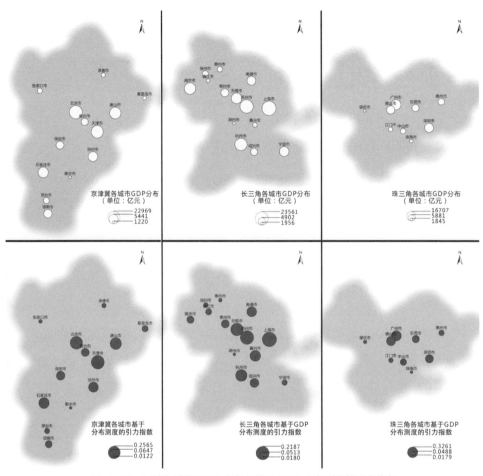

图 4-14 区域各城市 GDP 分布和基于 GDP 分布测度的引力指数

4.3.2 基于企业分布测度的城市引力指数

与 GDP 的分布类似，位于中心区位且企业数目较多的城市，其基于企业分布测度的城市引力指数也远高于其他城市，如表 4-8 和图 4-15 所示。

表 4-8 京津冀各城市企业数和基于企业分布测度的引力指数

城市	企业数/个	企业数排序	引力指数_企业	引力指数排序	位序变化
北京市	19609	1	0.2557	2	↓1
天津市	14951	2	0.3110	1	↑1
石家庄市	4406	3	0.0834	3	—
保定市	3821	4	0.0819	4	—
唐山市	2595	5	0.0753	5	—

（续表）

城市	企业数/个	企业数排序	引力指数_企业	引力指数排序	位序变化
沧州市	2434	6	0.0549	6	—
衡水市	1617	7	0.0158	10	↓3
张家口市	1616	8	0.0153	11	↓3
邢台市	1574	9	0.0218	9	—
邯郸市	1519	10	0.0133	12	↓2
秦皇岛市	1380	11	0.0309	7	↑4
廊坊市	1174	12	0.0282	8	↑4
承德市	1159	13	0.0124	13	—

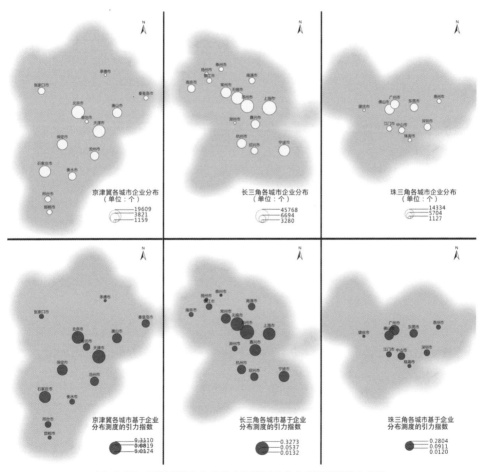

图 4-15 区域各城市企业分布和基于企业分布测度的引力指数

4 城市空间绩效实证测算

4.4 城市空间绩效影响因素

4.4.1 空间布局

城市体系的空间布局形态越趋近于圆形,表明其空间结构紧凑度越高(如珠三角),空间布局形态越趋于长条形,则表明其紧凑度越低(如京津冀)。可以发现,在这三大城市群中,珠三角城市群的城市空间分布形态较为均衡和集中,长三角城市群次之,而京津冀城市群较为分散(见图4-16),这与它们的城市体系空间结构紧凑度高低是相对应的(见表4-9),0.62(珠三角)>0.18(长三角)>0.11(京津冀),该规律在"市到市紧凑度"上表现更为明显,0.72(珠三角)>0.19(长三角)>0.11(京津冀)。

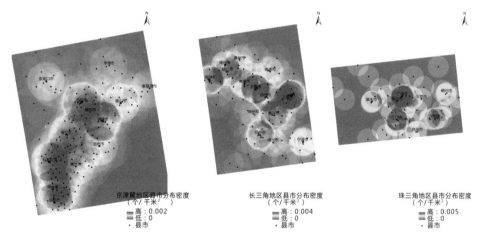

图 4-16 区域城市分布密度对比

(见文后彩图)

表 4-9 区域居民出行耗时及紧凑度比较

	县到市 最短距离/小时	县到市 平均距离/小时	市到市 平均距离/小时	县到市 紧凑度	市到市 紧凑度
京津冀城市群	0.74	3.03	3.03	**0.11**	**0.11**
长三角城市群	0.53	2.34	2.29	**0.18**	**0.19**
珠三角城市群	0.50	1.27	1.18	**0.62**	**0.72**

注:最短距离表示低级中心到其路径上最近的较高级中心的时间距离。

在天津、苏州和广州这三大市域中，也易看出广州市的城市空间分布形态最为均衡集中，天津次之，苏州最为分散（见图4-17），该结果与城市体系空间结构紧凑度高低是对应的（见表4-3），城市体系空间结构紧凑度为2.14（广州）>1.44（天津）>1.22（苏州），进一步说明了城市体系的空间分布形态对城市体系空间结构紧凑度的高低有着显著影响。

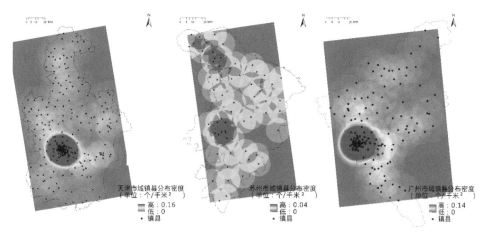

图 4-17 市域城市分布密度对比
（见文后彩图）

多中心组团式的集中布局，居民可以就近获取服务，空间结构紧凑度较高。例如深圳社区级紧凑度呈现断崖式下降，表明该城市正在向更加发散的形态发展，但由于深圳是多中心组团式的空间布局，虽然紧凑度呈现下降趋势，但居民抵达社区级服务中心的耗时依旧小于其他两个城市，即空间结构紧凑度较大，如图4-18~图4-20所示。而北京是低密度全方向的蔓延方式，摊大饼式的布局发展导致了社区级服务中心的服务半径过大，城市结构松散，空间结构紧凑度低。

居民就近获取服务的出行时间与城市的均衡分布程度之间呈现较大相关性。在县域城市空间结构紧凑度方面，如表4-10所示，在"村到镇紧凑度"上，5.18（苏州常熟市）>4.04（天津静海区）>3.18（广州增城区），在"镇到镇紧凑度"上，5.03（苏州常熟市）>3.99（天津静海区）>3.85（广州增城区），但居民抵达最近镇级服务中心出行时间最长的城市却是苏州常熟市，0.17小时（苏州常熟市）>0.14小时（广州增城区）>0.12小时（天津静海区）。

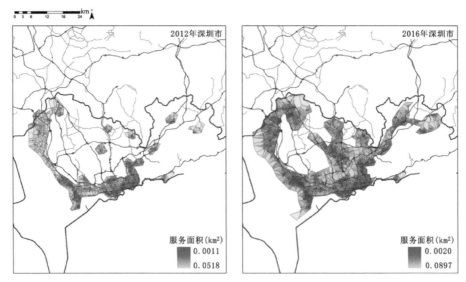

图 4-18　2012 和 2016 年深圳市建成区社区级服务中心服务区范围

（见文后彩图）

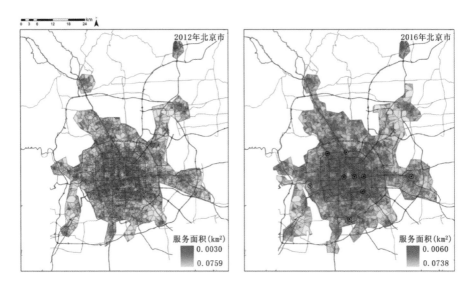

图 4-19　2012 和 2016 年北京市建成区社区级服务中心服务区范围

（见文后彩图）

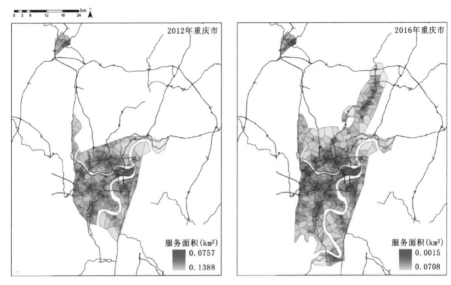

图 4-20　2012 和 2016 年重庆市建成区社区级服务中心服务区范围

（见文后彩图）

出现以上现象的原因是苏南地区的乡镇撤并使得集镇和建制镇被大规模裁减合并，分布范围广、数量大的乡村失去了足够数量及分布均衡的中心镇的支持。具体而言，苏州市域范围的乡镇数量从 1998 年的 181 个乡镇缩减为 2008 年底的 44 个建制镇，乡镇的撤并比例较高（王兴平 等，2011），这直接导致了广大乡村聚落没有足够中心镇的支持，村民抵达最近中心镇的时间距离相比之前被大大拉长，导致城市紧凑度极大降低，由图 4-21 所示的常熟县域村镇分布可见一斑。

表 4-10　县域居民出行耗时及紧凑度比较

	村到镇 最短距离 / 小时	村到镇 平均距离 / 小时	镇到镇 平均距离 / 小时	村到镇 紧凑度	镇到镇 紧凑度
天津静海区	0.12	0.50	0.50	**4.04**	**3.99**
苏州常熟市	0.17	0.44	0.45	**5.18**	**5.03**
广州增城区	0.14	0.56	0.51	**3.18**	**3.85**

注：最短距离表示低级中心与其路径最近的较高级中心的时间距离。

图 4-21 苏州常熟县域村镇分布

（见文后彩图）

4.4.2 地形地貌

地形对城市开发有着显著的影响，一般山区或丘陵的城市，其建成区开发强度较高，空间结构紧凑度较高。重庆地处山区，由于地形的限制（包括山体、河流、冲沟等），城市只能呈较高密度的组团式发展，但高密度的组团反而使得居民抵达市区级服务中心的耗时更短，城市紧凑度最高，如图 4-22 所示。深圳位于丘陵地区，与重庆类似，在城市扩张时受到地形限制，但受限程度相对较轻，如图 4-23 所示。而北京地处华北平原，城市扩张的地形限制较少，整个城市呈单中心"摊大饼"式扩张，导致居民抵达市区级服务中心的耗时较长，城市紧凑度较低，如图 4-24 所示。

具体而言，2012年北京表现出明显的多中心的形态，但到了2016年左右，主城区与多数新城已连接在一起，城市形态从多中心变为连续状。2012年深圳的建成区多集中在南部沿海地区，到2016年城市已随着交通干线扩展至东北部和西北部山区，但受丘陵地形所限，城市空间形态依旧是多中心组团式。而重庆由于山区地理环境的限制，城市空间形态扩张受地形阻碍较大，空间形态相对紧凑并呈组团式分布。

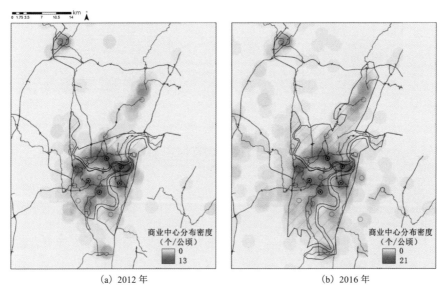

图 4-22　重庆 2012 和 2016 年基于商业中心分布测度的城市形态比较

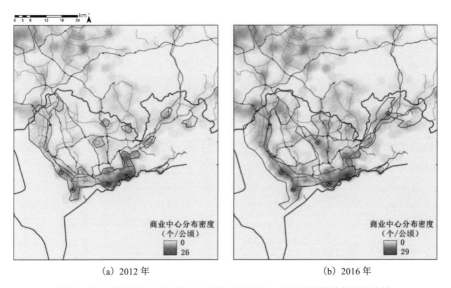

图 4-23　深圳 2012 和 2016 年基于商业中心分布测度的城市形态比较

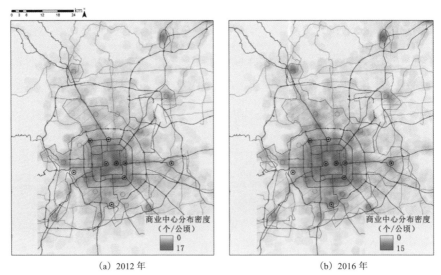

(a) 2012 年　　　　　　　　　　　(b) 2016 年

图 4-24　北京 2012 和 2016 年基于商业中心分布测度的城市形态比较

4.4.3　开发强度

城市空间的紧凑度与各项设施的分布密度呈正相关。例如，广州市商业和教育设施的分布密度最高 [商业，22.54（广州市）>19.23（苏州市）>12.99（天津市）；教育，4.27（广州市）>3.25（天津市）>2.63（苏州市）]（见表 4-11），同时，商业和教育设施的服务半径也最短 [商业，0.08（广州市）<0.09（苏州市）<0.10（天津市）；教育，0.18（广州市）<0.21（天津市）<0.23（苏州市）；医疗，0.22（广州市）=0.22（天津市）<0.26（苏州市）]（见图 4-25），而基于这两者计算的建成区空间结构紧凑度也最大 [商业，159（广州市）>136（苏州市）>92（天津市）；教育，30（广州市）>23（天津市）>19（苏州市）]（见图 4-26）。原因在于，服务设施的密度越大，每个设施的服务半径就越小，建成区空间结构紧凑度就越高。

表 4-11　建成区商业、医疗和教育设施分布密度

	商业	医疗	教育	建成区面积
天津市	12.99	3.07	3.25	447.68
苏州市	19.23	2.02	2.63	301.94
广州市	22.54	2.80	4.27	667.73

注：密度单位为个/千米^2；面积单位为平方千米。

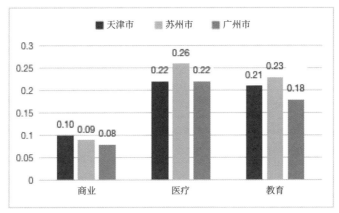

图 4-25　建成区商业、医疗和教育设施服务半径（单位：千米）

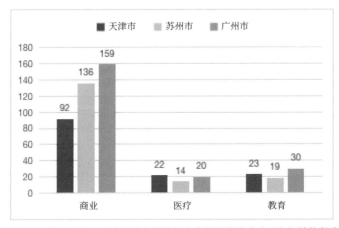

图 4-26　基于商业、医疗和教育设施服务半径计算的建成区空间结构紧凑度

城市的行政地位能够显著影响城市公共服务设施（如教育和医疗）的配套水平，但对商业服务设施的影响相对较弱。在城市建成区的服务设施配套水平上，广州市具有全面优势，其商业、医疗和教育设施的服务半径均最短，苏州市医疗和教育设施的服务半径是最长的，天津市商业设施的服务半径最长。

究其原因，广州市的优势在于经济发达且兼具省会地位，可以集中全省力量建设省城。天津市主城区作为直辖市的首府所在地，也可以集中其财力物力建设医疗和教育设施，但在商业设施上难以通过行政力量弥补市场经济的短板。苏州市作为地级市，其行政地位不如广州与天津，无法调拨全省的资源来建设医疗和教育设施。但苏州经济较为发达，其商业设施的密度和服务半径都要大于天津，但与经济更为发达的广州相比还有差距。

4.4.4 地理区位

位于地理中心区位的城市，一般具有较高的城市引力指数。这解释了国家或地区的中心城市（尤其是政治中心），在均值平原假设下，为何要位于地理几何中心。因为该区位下的中心城市即便其实力（人口数、企业数、GDP 等）不是最强，但它与其他城市的联系却是最直接最强烈的，在有效降低居民出行时间的同时，也更有利于整个国家或地区的管辖。

天津市域范围内引力指数高的区县高度集中于市域的中心位置，与 GDP 的排序相差较大。例如，位于市域中心区位的和平区、河西区，其 GDP 分列市域内的第 6 和第 7，但引力指数却位列第 1 和第 2，而滨海新区虽然 GDP 排名第一且数额远远超过其他区县，但是由于位置偏东，其引力指数仍然只能屈居第 3，如表 4-12 和图 4-27 所示。

表 4-12　天津市各区县 GDP 和基于 GDP 分布测度的引力指数

区县	GDP/亿元	GDP 排序	引力指数_GDP	引力指数排序	位序变化
滨海新区	8760	1	0.1381	3	↓2
西青区	965	2	0.0392	9	↓7
武清区	951	3	0.0221	12	↓9
北辰区	886	4	0.0556	8	↓4
东丽区	852	5	0.0637	7	↓2
和平区	720	6	0.1536	1	↑5
津南区	710	7	0.0382	10	↓3
河西区	703	8	0.1509	2	↑6
静海区	583	9	0.0114	14	↓5
宝坻区	565	10	0.0062	15	↓5
南开区	544	11	0.0816	5	↑6
宁河区	502	12	0.0129	13	↓1
河北区	384	13	0.0767	6	↑7
蓟州区	351	14	0.0023	16	↓2
河东区	280	15	0.1121	4	↑11
红桥区	175	16	0.0354	11	↑5

再如，天津静海区域范围内引力指数较高的乡镇都是位置居中的乡镇，尽管其人口数不是最多。位置居中且人口最多的静海镇和大邱庄镇，基于人口分布测度的引力指数位居第 1、2 名；人口排名第 3 但位居县域最南端的唐官屯镇，其引力指数

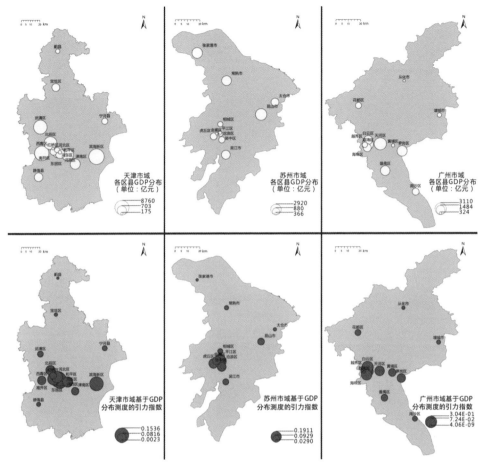

图 4-27 市域各区县 GDP 分布和基于 GDP 分布测度的引力指数

却下跌至第 10；而人口数排名第 11 和第 19（倒数第 1）的梁头镇和东双塘镇，由于其地处中心区位，引力指数却能升居第 3 和第 4 名，如表 4-13 和图 4-28 所示。

表 4-13　静海区各乡镇人口和基于人口分布测度的引力指数

乡镇	人口/人	人口排序	引力指数_人口	引力指数排序	位序变化
静海镇	154325	1	0.2309	1	—
大邱庄镇	72194	2	0.0966	2	—
唐官屯镇	44167	3	0.0415	10	↓ 7
独流镇	36490	4	0.0594	6	↓ 2
沿庄镇	33181	5	0.0618	5	—
王口镇	32622	6	0.0378	11	↓ 5
子牙镇	31757	7	0.0485	8	↓ 1

(续表)

乡镇	人口/人	人口排序	引力指数_人口	引力指数排序	位序变化
中旺镇	31128	8	0.0082	19	↓11
陈官屯镇	29237	9	0.0311	13	↓4
杨成庄乡	24987	10	0.0306	14	↓4
梁头镇	24832	11	0.0744	3	↑8
台头镇	22794	12	0.0181	16	↓4
蔡公庄镇	21498	13	0.0468	9	↑4
良王庄乡	20706	14	0.0304	15	↓1
团泊镇	18299	15	0.0134	18	↓3
双塘镇	16656	16	0.0532	7	↑9
大丰堆镇	16105	17	0.0373	12	↑5
西翟庄镇	13310	18	0.0172	17	↑1
东双塘镇	12637	19	0.0629	4	↑15

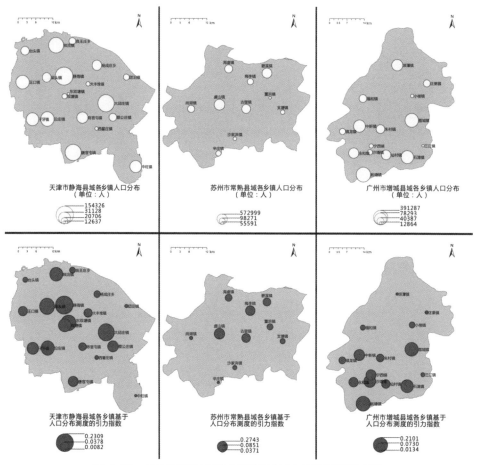

图 4-28　县域各乡镇人口分布和基于人口分布测度的引力指数

5

我国城市吸引力评估

通过二项逻辑斯蒂回归模型和多元线性回归模型相结合的方式，分析我国293个城市的人居环境指标尤其是公共服务设施对城市吸引力（城市人口数量及其变化）的影响，并使用BP神经网络进行检验。从两种回归方式横向对比、2010年与2020年数据回归结果纵向对比两个研究维度，针对城市人居环境对城市吸引力产生的影响展开分析。

5.1　城市吸引力评估指标

研究参考国内外学者构建的人居环境评估指标体系，结合城市人居环境的特殊性，筛选出39个评估指标。本研究中对城市人居环境指标的选取遵循以下几个原则：①针对性原则。城市人居环境的核心在于居民的感受，居民对人居环境有创造、体验、感受、管理的功能，人居环境评估指标应当体现人本主义视角下居民对城市人居环境的诉求。②全面性原则。人居环境作为复杂巨系统，选择的指标应当能够全面覆盖人居环境各方面内涵，避免缺项。③层次性原则。影响人居环境的因素具有多元性、多层次性和综合性的特征，指标体系应当分出层次。④科学性原则。评估指标应当内涵和外延含义清楚、内容简明，需要既能够通过数量来表述，以保证指标可定量计算，又应该保证指标具有可靠的来源渠道，保证数据的可靠性与可采集性。⑤独立性原则。在选取评估指标的过程中，需要分析指标间的关系，避免遗漏和重复，同时使指标保持相对独立性，尽量不要使研究对象的某一面被夸大或缩小。

城市人居环境可分为社会经济环境、建成环境和自然生态环境三个子系统。城市人居环境是与城市相关的物质和非物质要素的总和，包括居民居住和活动的物质空间与贯穿于其中的社会、文化等非物质空间（吴殷，2006）。本书在参考已有关于城市人居环境评估指标体系的研究成果的基础上，根据组成城市人居环境的自然、经济、空间要素及相互协调性，结合住房和城乡建设部的中国人居环境奖参考指标体系与世界银行所提出的环境可持续矩阵，搭建出基于城市人居环境评估的城市吸引力评估研究框架，将城市人居环境进一步细分为社会经济环境、建成环境和自然生态环境三个子系统。

5.1.1 社会经济维度

社会经济环境指标能够反映出人居环境的经济实力、产业发展及构成、居民收入、社会保障等方面。为了综合评估城市在经济与产业结构、就业与收入及社会保障等方面的发展情况，本书选取了7个二级指标来描述城市社会经济环境，如表 5-1 所示，其中全市人均地区生产总值与地方财政一般预算内收入可以用于衡量地区经济发展情况，工业企业数及全市第三产业占地区生产总值的比重可以用于评估城市产业发展及构成情况，失业率、全市在岗职工平均工资和全市城镇职工失业保险覆盖率可以用于表示城市居民就业及社会保障情况。

表 5-1 社会经济维度下城市人居环境吸引力评估指标体系

一级指标	二级指标
社会经济	全市人均地区生产总值（元）
	地方财政一般预算内收入（万元）
	工业企业数（个）
	全市第三产业占地区生产总值的比重（%）
	失业率（%）
	全市在岗职工平均工资（万元）
	全市城镇职工失业保险覆盖率（%）

5.1.2 自然生态维度

自然生态环境指标能够反映出人居环境生态系统的稳定程度和城市自然环境质量的高低。本书在自然生态维度下设7个二级指标，如表 5-2 所示，其中人均公园绿地面积、建成区绿化覆盖率和建成区绿地率可以用于对城市绿化进行综合评估，生活垃圾无害化处理率、可吸入颗粒物年平均浓度、工业烟尘排放量与一般工业固体废物综合利用率是从城市生态与环境角度进行评估的。

表 5-2 自然生态维度下城市人居环境吸引力评估指标体系

一级指标	二级指标
自然生态	人均公园绿地面积（平方米）
	建成区绿化覆盖率（%）
	建成区绿地率（%）
	生活垃圾无害化处理率（%）
	可吸入颗粒物年平均浓度（微克/立方米）
	工业烟尘排放量（吨）
	一般工业固体废物综合利用率（%）

5.1.3 建成环境维度

建成环境指标反映社会发展水平及城市开发建设程度状况。作为人居环境的重要组成部分与基础物质载体，建成环境是人居环境评估中最复杂也最重要的部分。本书将建成环境进一步分为公共服务、市政设施、道路交通与土地利用 4 个一级指标，并下设 25 个二级指标以全面评估建设空间的人居环境质量，如表 5-3 所示。其中中小学密度、普通高校密度、万人拥有中小学教师数、万人拥有高校教师数、百人拥有公共图书馆图书藏量、医疗设施密度、万人拥有医院床位数、万人拥有医生数、万人拥有公共汽车数量可以用于评估城市公共服务质量；移动电话年末用户数、互联网宽带接入用户数、供水普及率、燃气普及率、建成区供水管道密度、建成区排水管道密度、污水处理厂集中处理率可以用于评估城市市政设施服务质量；人均道路面积、建成区路网密度、道路面积率、人均人行道面积、道路照明灯盏数、安装路灯道路长度可以用于综合衡量城市道路交通建设质量；人均城镇建设用地面积、人均居住用地面积、城市开发强度可用于评估城市土地开发利用质量。运用这 25 个评估指标能够从四个方面综合、全面地评估城市建成环境质量。

表 5-3 建成环境维度下城市人居环境吸引力评估指标体系

一级指标	二级指标
公共服务	中小学密度（个/千米^2）
	普通高校密度（个/百千米^2）
	万人拥有中小学教师数（人）
	万人拥有高校教师数（人）
	百人拥有公共图书馆图书藏量（本）
	医疗设施密度（个/千米^2）
	万人拥有医院床位数（个）
	万人拥有医生数（人）
	万人拥有公共汽车数量（辆）
市政设施	移动电话年末用户数（万户）
	互联网宽带接入用户数（万户）
	供水普及率（%）
	燃气普及率（%）
	建成区供水管道密度（千米/千米^2）
	建成区排水管道密度（千米/千米^2）
	污水处理厂集中处理率（%）

（续表）

一级指标	二级指标
道路交通	人均道路面积（平方米）
	建成区路网密度（千米/千米^2）
	建成区道路面积率（%）
	人均人行道面积（平方米/人）
	道路照明灯盏数（盏）
	安装路灯道路长度（千米）
土地利用	人均城镇建设用地面积（千米^2/万人）
	人均居住用地面积（千米^2/万人）
	城市开发强度（%）

5.2 城市吸引力评估方法

本书首先通过二项逻辑斯蒂回归模型和多元线性回归模型相结合的方式，探讨城市人居环境与城市吸引力的相关性，并采用 BP 神经网络进行检验。

5.2.1 二项逻辑斯蒂回归模型

二项逻辑斯蒂回归模型（binomial logistic regression model）是一种分类模型，由条件概率分布 $P(Y|x)$ 表示，形式为参数化的逻辑斯蒂分布。在模型中，随机变量 x 取值为实数，随机变量 Y 取值为 1 或 0，通过监督学习的方法来估计模型参数。

二项逻辑斯蒂回归模型是如下的条件概率分布：

$$P(Y=1|x) = \frac{\exp(w \cdot x + b)}{1 + \exp(w \cdot x + b)} \tag{5-1}$$

$$P(Y=0|x) = \frac{1}{1 + \exp(w \cdot x + b)} \tag{5-2}$$

这里，$x \in \mathbf{R}^n$ 是输入，$Y \in \{0,1\}$ 是输出，$w \in \mathbf{R}^n$ 和 $b \in \mathbf{R}$ 是参数，w 称为权值向量，b 称为偏置量，$w \cdot x$ 为 w 和 x 的内积。

对于给定的输入实例 x，按照式（5-1）和式（5-2）可以求得 $P(Y=1|x)$ 和 $P(Y=0|x)$。逻辑斯蒂回归比较两个条件概率值的大小，将实例 x 分到概率值较大的那一类。

有时为了方便，将权值向量和输入向量加以扩充，仍记作 w，x，即 $w=[w^{(1)},w^{(2)},\cdots,w^{(n)},b]^T$，$x=[x^{(1)},x^{(2)},\cdots,x^{(n)},1]^T$。这时，逻辑斯蒂回归模型如下：

$$P(Y=1|\boldsymbol{x}) = \frac{\exp(\boldsymbol{w} \cdot \boldsymbol{x})}{1 + \exp(\boldsymbol{w} \cdot \boldsymbol{x})} \tag{5-3}$$

$$P(Y=0|\boldsymbol{x}) = \frac{1}{1 + \exp(\boldsymbol{w} \cdot \boldsymbol{x})} \tag{5-4}$$

5.2.2 多元线性回归模型

多元线性回归分析是以多个解释变量的给定值为条件的回归分析,是研究一个因变量和多个自变量之间线性关系的方法,多元线性回归模型的一般形式为式(5-5):

$$Y = \beta_0 + \beta_1 X_1 + \beta_2 X_2 + \beta_3 X_3 + \cdots + \beta_j X_j + \cdots + \beta_k X_k + \mu \tag{5-5}$$

式中:k——解释变量的数目;

β_j $(j=1,2,\cdots,k)$——回归系数;

μ——去除 k 个自变量对 Y 影响后的随机误差。

由式(5-5)表示 n 个随机方程的矩阵表达式为:

$$Y = X\beta + \mu \tag{5-6}$$

在式(5-6)中,若 X 是列满秩,可以采用普通最小二乘法估计,其估计值为

$$\hat{\beta} = (X'X)^{-1} X'Y \tag{5-7}$$

多元线性回归模型的参数估计出来后,即求出样本回归函数后,还需进一步对该样本回归函数进行统计检验,以判定估计的可靠程度,包括拟合优度检验(可决系数)、方程总体线性的显著性检验(F 检验)、变量的显著性检验(t 检验),以及参数的置信区间估计等方面。

- 拟合优度检验(可决系数),用统计量来衡量样本回归对样本观测值的拟合程度,记 $TSS=\sum(Y_i-\bar{Y})^2$ 为总离差平方和,$ESS=\sum(\hat{Y}_i-\bar{Y})^2$ 为回归平方和,$RSS=\sum(Y_i-\hat{Y}_i)^2$ 为残差平方和,则:

$$R^2 = \frac{ESS}{TSS} = 1 - \frac{RSS}{TSS} \tag{5-8}$$

在式(5-8)中,R^2 为可决系数,该统计量越接近 1,模型的拟合优度越高。

- 方程总体线性的显著性检验(F 检验)在原假设 H_0 成立的条件下,统计量为:

$$F = \frac{ESS/k}{RSS/(n-k-1)} \tag{5-9}$$

服从自由度 $(k, n-k-1)$ 的 F 分布,其中记 $TSS=\sum(Y_i-\bar{Y})^2$ 为总离差平方和,$ESS=\sum(\hat{Y}_i-\bar{Y})^2$ 为回归平方和,$RSS=\sum(Y_i-\hat{Y}_i)^2$ 为残差平方和。因此,给定显著性水平 α(一般取 0.05 或 0.1,即置信度为 95% 或 90%),查表得到临界值 $F_\alpha(k, n-k-1)$,根据样本求出 F 统计量的数值,通过 $F > F_\alpha(k, n-k-1)$ 或 $F \leqslant F_\alpha(k,$

$n-k-1$)来拒绝或接受原假设 H_0,以判定原方程总体上的线性关系是否显著成立。

· 变量的显著性检验（t 检验），构造的 t 统计量为：

$$t=\frac{\hat{\beta}_j-\beta_j}{S_{\hat{\beta}_j}}=\frac{\hat{\beta}_j-\beta_j}{\sqrt{C_{jj}\dfrac{e'e}{n-k-1}}}\sim t\ (n-k-1) \quad (5-10)$$

在变量显著性检验中，针对某变量 X_j ($j=1,2,\cdots,k$) 设计的原假设与备择假设为 H_0: $\beta_j=0$, H_1: $\beta_j\neq 0$，给定一个显著水平 α，查 t 分布表得到临界值 $t_{\alpha/2}$ ($n-k-1$)，则根据 $|t|>t_{\alpha/2}$ ($n-k-1$) 或 $|t|\leqslant t_{\alpha/2}$ ($n-k-1$) 来拒绝或接受原假设 H_0，从而判定解释变量是否应该包含在模型中。

5.2.3 机器学习之 BP 神经网络

BP 神经网络是目前应用广泛的一种机器学习方法。它是一种多层前馈神经网络，将信号向前传播，将误差向后传播，经过反复循环后，通过信号的正逆向传播调节误差信息，从而在误差范围内获得最佳结果。与传统的信息和数据处理方法相比，BP 神经网络的优势在于能将分布存储的信息进行并行协同处理，在处理复杂线性问题时具有很大的优势。

BP 神经网络的结构如图 5-1 所示，分为输入层、隐藏层、输出层。输入层的结点个数取决于输入的特征个数，输出层的结点个数由分类的种类决定。在输入层和输出层之间通常还有若干个隐藏层，至于隐藏层的个数以及每个隐藏层的结点个数由训练有素的工程师根据经验来人为设定，一般取值为输入层结点个数的开方值。

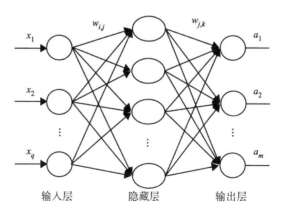

图 5-1 BP 神经网络的结构

5.3 城市吸引力评估结果与分析

本书从《中国城市统计年鉴》《中国城市建设统计年鉴》及各省、市统计年鉴中获取 2010 年份和 2020 年份的人居环境指标及年平均人口数据，并使用 IBM SPSS 软件进行多元线性回归分析，表明人居环境评估指标与人口间的相关性。然后根据 50% 分位对数据进行二分类处理，将数据编码为 0 和 1，再通过二项逻辑斯蒂回归分析佐证多元线性回归的结果，从同年份不同回归方法横向、同方法不同年份竖向两个层级进行结果对比分析。

5.3.1 城市人居环境与人口吸引力之间存在相关性

（1）多元线性回归模型成立

2010 年与 2020 年的多元线性回归模型均具有较好的拟合度和可信度，能够进一步对方程中的自变量与因变量的关系进行解释，表明两个年份的各项人居环境评估指标与人口吸引力之间存在较大的相关性。

首先，将多个人居环境指标值进行归一化处理后，构建多元线性回归模型，以两个年份的年平均人口为因变量，其余经济、社会、环境等指标为自变量，得出回归标准化残差的分布图，即图 5-2 和图 5-3。从图中能够看出，标准化残差的分布频率与正态分布曲线拟合性较好，各要素呈现自然分布的特征。同时，回归标准化残差的直方图基本呈正态分布的趋势，说明多元线性回归模型的建立具有较高的可信度，且与现实情况能够很好地结合在一起。

通常，P 值的大小用于判断某一事物成立的显著性的高低，P 值从一定程度上代表了模型成立的可信度。当回归系数 $P<\alpha$ 值时，回归系数显著。通俗地说，若 P 值小于 0.1，则具有 90% 以上的把握。将本次数据代入回归模型后，得到表 5-4 所示的 2010 年数据的 $F=38.840$、$P=0$（<0.05），2020 年数据的 $F=100.303$、$P=0$（<0.05），这些数据表明方程通过了 F 检验，因此该回归方程显著，也就是说模型具有显著的可信度。

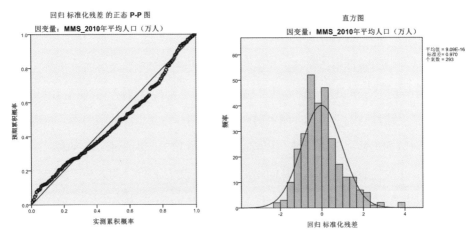

图 5-2　2010 年数据多元线性回归标准化残差分布图

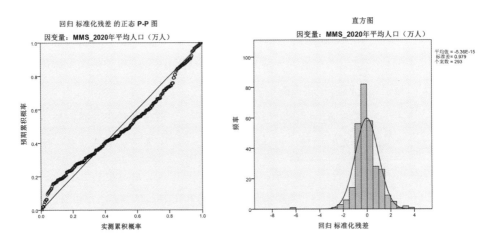

图 5-3　2020 年数据多元线性回归标准化残差分布图

表 5-4　多元线性回归模型的 ANOVA 表

年份	事项	平方和	自由度	均方	F	显著性
2010 年	回归	1.102	17	0.065	38.840	0.000
	残差	0.459	275	0.002	—	—
	总计	1.561	292	—	—	—
2020 年	回归	1.476	12	0.123	100.303	0.000
	残差	0.343	280	0.001	—	—
	总计	1.820	292	—	—	—

R^2 一般作为衡量模型拟合度的一个量，是一个比例形式，为被解释方差与总方差之比。它的值越高，说明模型解释的变化越多，当它的值大于 0.3 时，即该模型可取。调整后的 R^2 考虑了回归中样本量（n）和自变量数量（k）的影响，使得调整后的 R^2 永远小于 R^2。如表 5-5 所示，2010 年数据的调整后的 R^2 为 0.688，德宾-沃森系数为 1.567（1.5<1.567<2.5），2020 年数据的调整后的 R^2 为 0.803，同时德宾-沃森系数为 1.622（1.5<1.622<2.5）。由上可以确定两个线性回归模型成立，具有较高的拟合度。

表 5-5 多元线性回归模型的模型摘要表

年份	R	R^2	调整后的 R^2	标准估算的误差	德宾-沃森系数
2010 年	0.840	0.706	0.688	0.0408547796	1.567
2020 年	0.901	0.811	0.803	0.0350201870	1.622

根据以上分析结果，能够确定以 2010 年和 2020 年数据构建的多元线性回归模型成立，模型具有较好的可信度、拟合度，能够进一步分析其中的自变量对因变量的影响大小及方式，进而探究影响城市人居环境的因素以及其作用方式。

（2）二项逻辑斯蒂回归模型成立

2010 年与 2020 年的二项逻辑斯蒂回归模型均具有较好的拟合优度。根据 50% 分位对数据进行二分类处理，将数值较低的 50% 数据编码为 0，数值较高的 50% 数据编码为 1，构建二项逻辑斯蒂回归模型。以 2010 年、2020 年的年平均人口为因变量，其余经济、社会、环境等指标为自变量进行模型构建与数据分析。

二项逻辑斯蒂回归模型系数的 Omnibus 检验是似然比检验，可对模型进行总体全局检验，是总体评估的关键检验。表 5-6 所示的 2010 年和 2020 年模型的显著性均小于 0.05，表示拟合模型中纳入的变量至少有一个变量的 OR 值有统计学意义，即模型总体有意义。

表 5-6 二项逻辑斯蒂回归模型系数的 Omnibus 检验

年份	卡方	自由度	显著性
2010 年	259.794	39	0.000
2020 年	341.106	40	0.000

二项逻辑斯蒂回归提供模型拟合优度评估。所谓拟合优度，即为模型构建的效果如何，与真实情况或者理想情况相比具有多大的差距。表 5-7 所示的考克斯-斯奈

尔 R^2 和内戈尔科 R^2 在二项逻辑斯蒂回归中意义不大，可以不予关注。-2 对数似然值是模型评估重要的指标，2010 年和 2020 年模型的 -2 对数似然值均较小，说明模型拟合优度较好。

表 5-7　二项逻辑斯蒂回归模型拟合优度评估

年份	-2 对数似然值	考克斯 - 斯奈尔 R^2	内戈尔科 R^2
2010 年	145.622	0.588	0.785
2020 年	64.911	0.688	0.917

二项逻辑斯蒂回归霍斯默 - 莱梅肖拟合优度检验可以用于评估模型是否充分利用现有的信息最大限度地拟合了模型、解释了模型的变异。表 5-8 所示的 2010 年和 2020 年的 P 值均小于 0.05，说明模型拟合优度较好。

表 5-8　二项逻辑斯蒂回归霍斯默 - 莱梅肖拟合优度检验

年份	卡方	自由度	显著性
2010 年	8.467	8	0.389
2020 年	14.496	8	0.070

5.3.2　社会经济、公共服务和市政设施与城市人口数量相关性较大

（1）2010 年数据表明社会经济、公共服务、市政设施类指标与城市人口数量具有显著相关性

对 2010 年数据进行多元线性回归与二项逻辑斯蒂回归分析后得到结果，并筛选出结果中显著性小于 0.1 的因子，排除对人口数量影响不明显的自变量后得到以下两个系数表，即表 5-9 和表 5-10。其中，二项逻辑斯蒂回归分析的结果是基于二分数值 0 和 1 的比较得来的。由表可知，在多元线性回归与二项逻辑斯蒂回归中均具有显著性的自变量包括：2010 年地方财政一般预算内收入、2010 年失业率、2010 年万人拥有中小学教师数、2020 年移动电话年末用户数，涉及社会经济、公共服务、市政设施三个方面。

表 5-9 2010 年数据多元线性回归分析结果

指标		未标准化系数		标准化系数			共线性统计	
		B	标准误差	Beta	t	显著性	容差	VIF
	（常量）	0.152	0.114	—	1.330	0.185	—	—
社会经济	2010 年地方财政一般预算内收入（万元）	-0.369	0.208	-0.214	-1.773	0.077	0.074	13.590
	2010 年全市人均地区生产总值（元）	-0.089	0.034	-0.180	-2.623	0.009	0.228	4.391
	2010 年失业率	-0.074	0.029	-0.126	-2.533	0.012	0.435	2.301
公共服务	2010 年中小学密度（个/千米^2）	0.132	0.041	0.189	3.249	0.001	0.317	3.158
	2010 年万人拥有高校教师数（人）	0.290	0.067	0.318	4.354	0.000	0.200	5.012
	2010 年万人拥有中小学教师数（人）	-0.272	0.068	-0.249	-4.003	0.000	0.277	3.612
	2010 年医疗设施密度（个/千米^2）	-0.058	0.032	-0.091	-1.832	0.068	0.435	2.299
市政设施	2010 年移动电话年末用户数（万户）	0.478	0.049	0.814	9.686	0.000	0.151	6.622
道路交通	2010 年人均人行道面积（平方米/人）	0.047	0.026	0.071	1.814	0.071	0.701	1.426
	2010 安装路灯道路长度（千米）	0.120	0.039	0.180	3.067	0.002	0.310	3.226
自然生态	2010 年可吸入颗粒物年平均浓度（微克/立方米）	0.098	0.026	0.177	3.777	0.000	0.488	2.048
	2010 年工业烟尘排放量（吨）	0.033	0.017	0.086	1.985	0.048	0.574	1.741

表 5-10 2010 年数据二项逻辑斯蒂回归分析结果

指标		B	标准误差	瓦尔德卡方值	自由度	显著性	exp(B)	exp(B)的90%置信区间	
								下限	上限
社会经济	2010 年地方财政一般预算内收入（万元）	2.609	1.100	5.628	1	0.018	13.592	2.226	82.988
	2010 年工业企业数（个）	1.863	0.706	6.969	1	0.008	6.444	2.018	20.572

(续表)

指标		B	标准误差	瓦尔德卡方值	自由度	显著性	exp(B)	exp(B)的90%置信区间	
								下限	上限
社会经济	2010年全市人均地区生产总值（元）	−2.277	1.086	4.396	1	0.036	0.103	0.017	0.612
	2010年失业率	−3.847	1.702	5.110	1	0.024	0.021	0.001	0.351
	2010年全市城镇职工失业保险覆盖率（%）	3.727	1.660	5.040	1	0.025	41.553	2.708	637.495
	2010年全市在岗职工平均工资(万元)	−2.688	0.834	10.397	1	0.001	0.068	0.017	0.268
公共服务	2010年万人拥有中小学教师数（人）	−0.945	0.512	3.402	1	0.065	0.389	0.167	0.903
	2020年万人拥有医院床位数（个）	−2.886	0.996	8.385	1	0.004	0.056	0.011	0.288
市政设施	2010年移动电话年末用户数（万户）	2.956	0.757	15.248	1	0.000	19.228	5.535	66.800
	2010年互联网宽带接入用户数（万户）	1.617	0.781	4.288	1	0.038	5.040	1.395	18.215
	2010年供水普及率（%）	1.141	0.597	3.658	1	0.056	3.130	1.173	8.349
	2010年污水处理厂集中处理率（%）	0.840	0.504	2.774	1	0.096	2.316	1.010	5.308
道路交通	2010年建成区路网密度（千米/千米²）	−1.620	0.634	6.525	1	0.011	0.198	0.070	0.562
	2010道路照明灯盏数（盏）	2.127	0.858	6.154	1	0.013	8.393	2.048	34.402
自然生态	2010年建成区绿地率（%）	−1.208	0.699	2.989	1	0.084	0.299	0.095	0.943
	2010年一般工业固体废物综合利用率（%）	1.347	0.567	5.651	1	0.017	3.845	1.514	9.765
土地利用	2010年人均城镇建设用地面积（千米²/万人）	−1.307	0.612	4.558	1	0.033	0.271	0.099	0.741
	常量	−2.004	0.830	5.831	1	0.016	0.135	—	—

在社会经济方面，地方财政一般预算内收入及失业率与人口数量显著相关。首先，2010年失业率指标在多元线性回归中的显著性为0.012，说明此指标与人口数量之间有明显的关联，其标准化系数为-0.126，由此能够知道其与人口数量之间的关系呈负向，能够说明居民失业率较低的城市能够对人群产生更大的吸引力，且此吸引力较为明显。其次，2010年地方财政一般预算内收入指标在多元线性回归中的显著性为0.077，可以说明此指标与城市人口的数量之间有较明显的关联，其标准化系数为-0.214，说明两者之间存在负相关性。同时，在多元线性回归中表现最为显著的全市人均地区生产总值的标准化系数也为负值，说明在2010年，城市的社会经济与人口发展未达到协调统一，会出现人口较多的城市经济却不繁荣的情况。

在公共服务方面，万人拥有中小学教师数与人口数量间呈现一定的相关性。2010年万人拥有中小学教师数在多元线性回归中的显著性为0.000，可以说明此指标与城市人口的数量之间有较明显的关联，其标准化系数为-0.249，由此可知其与人口数量之间呈负相关。该指标能够体现中小学教师数并未随城市人口的增加而增加，教育设施作为最基础的公共服务设施，其密度、服务强度及教师配置都与居民能否享受到应有的服务息息相关，回归模型表明城市存在人口较多而中小学教师配置不足的情况，容易对教育设施的服务质量产生负面影响。因此，补足教育设施的短板，应作为未来提升的关键内容。

在市政设施方面，移动电话年末用户数与人口数量之间在两种评估方法中均呈现出较大的正向相关性。移动电话年末用户数指标在多元线性回归中的标准化系数为0.814，在当前信息化的时代，移动电话建设作为支撑社会经济发展的基础性、先导性行业，其重要性不言而喻，良好的移动电话建设不仅可以有效提升居民的生活水平，也能极大促进地方社会经济的发展。在二项逻辑斯蒂回归评估结果中，互联网宽带接入用户数、供水普及率及污水处理厂集中处理率与人口数量也呈正相关。可以理解为良好的基础市政设施建设是城市吸引人口、留住人口的基础保证与城市发展的必要条件。

（2）2020年数据表明社会经济、公共服务、市政设施、自然生态类指标与城市人口数量显著相关

对2020年数据进行多元线性回归与二项逻辑斯蒂回归分析后得到结果，并筛选出结果中显著性小于 0.1 的因子，排除对人口数量影响不明显的自变量后得到以下两个系数表，即表 5-11 和表 5-12。由表可知，在多元线性回归与二项逻辑斯蒂回归中均具有显著性的自变量包括：2020 年全市在岗职工平均工资、2020 年全市城镇职工失业保险覆盖率、2020 年万人拥有高校教师数、2020 年医疗设施密度、2020 年万人拥有医院床位数、2020 年移动电话年末用户数、2020 年互联网宽带接入用户数、2020 年供水普及率、2020 年燃气普及率、2020 年人均公园绿地面积，涵盖社会经济、公共服务、市政设施、自然生态四个方面。

表 5-11 2020 年数据多元线性回归模型系数表

指标		未标准化系数		标准化系数		显著性	共线性统计	
		B	标准误差	Beta	t		容差	VIF
	（常量）	0.474	0.246	—	1.923	0.056	—	—
社会经济	2020 年地方财政一般预算内收入（万元）	-0.346	0.139	-0.228	-2.496	0.013	0.079	12.708
	2020 年全市在岗职工平均工资（万元）	-0.055	0.031	-0.076	-1.787	0.075	0.359	2.783
	2020 年失业率（%）	-0.080	0.036	-0.067	-2.233	0.026	0.723	1.383
	2020 年全市城镇职工失业保险覆盖率（%）	-0.267	0.081	-0.310	-3.282	0.001	0.073	13.655
公共服务	2020 年万人拥有高校教师数（人）	-0.060	0.028	-0.129	-2.114	0.036	0.176	5.676
	2020 年医疗设施密度（个/千米²）	0.058	0.034	0.063	1.694	0.091	0.470	2.128
	2020 年万人拥有医院床位数（个）	-0.051	0.027	-0.108	-1.872	0.062	0.195	5.129
	2020 年万人拥有医生数（人）	-0.070	0.042	-0.107	-1.686	0.093	0.162	6.183
市政设施	2020 年移动电话年末用户数（万户）	0.574	0.064	0.789	9.029	0.000	0.086	11.667
	2020 年互联网宽带接入用户数（万户）	1.362	0.216	0.503	6.299	0.000	0.103	9.726
	2020 年供水普及率（%）	-0.074	0.038	-0.060	-1.936	0.054	0.675	1.480
	2020 年燃气普及率（%）	0.031	0.018	0.056	1.750	0.081	0.647	1.546
道路交通	2020 年建成区路网密度（千米/千米²）	-0.048	0.022	-0.081	-2.186	0.030	0.473	2.115
	2020 年人均人行道面积（平方米/人）	0.070	0.037	0.092	1.907	0.058	0.280	3.577

（续表）

指标		未标准化系数		标准化系数			共线性统计	
		B	标准误差	Beta	t	显著性	容差	VIF
自然生态	2020年人均公园绿地面积（平方米）	-0.029	0.018	-0.054	-1.658	0.099	0.628	1.593
	2020年一般工业固体废物综合利用率（%）	0.019	0.010	0.062	1.876	0.062	0.599	1.669
	2020年生活垃圾无害化处理率（%）	-0.054	0.030	-0.057	-1.808	0.072	0.666	1.501

表5-12 2020年数据二项逻辑斯蒂回归模型系数表

指标		B	标准误差	瓦尔德卡方值	显著性	exp(B)	exp(B)的90%置信区间	
							下限	上限
社会经济	2020年工业企业数（个）	6.421	2.112	9.244	0.002	614.622	19.054	19826.247
	2020年全市在岗职工平均工资（万元）	3.006	1.344	5.205	0.023	21.460	2.353	195.725
	2020年全市城镇职工失业保险覆盖率(%)	-3.616	1.782	4.119	0.042	0.027	0.001	0.504
公共服务	2020年普通高校密度（个/百千米^2）	-2.719	1.382	3.868	0.049	0.066	0.007	0.641
	2020年万人拥有高校教师数（人）	3.576	1.625	4.845	0.028	35.728	2.469	517.099
	2020年百人拥有公共图书馆图书藏量(本)	-3.652	1.470	6.168	0.013	0.026	0.002	0.291
	2020年医疗设施密度（个/千米^2）	3.121	1.704	3.352	0.067	22.666	1.373	374.083
	2020年万人拥有医院床位数（个）	-2.817	1.414	3.971	0.046	0.060	0.006	0.612

（续表）

指标		B	标准误差	瓦尔德卡方值	显著性	exp(B)	exp(B)的90%置信区间	
							下限	上限
市政设施	2020年移动电话年末用户数（万户）	6.310	1.598	15.591	0.000	550.191	39.708	7623.378
	2020年互联网宽带接入用户数（万户）	6.938	2.076	11.172	0.001	1030.830	33.912	31334.483
	2020年供水普及率（%）	-2.776	1.429	3.772	0.052	0.062	0.006	0.654
	2020年燃气普及率（%）	4.763	1.678	8.055	0.005	117.053	7.407	1849.733
	2020年建成区供水管道密度（千米/千米^2）	2.339	1.314	3.171	0.075	10.375	1.195	90.046
道路交通	2020年人均道路面积（平方米）	3.295	1.636	4.054	0.044	26.970	1.828	397.900
	2020安装路灯道路长度（千米）	3.097	1.350	5.259	0.022	22.125	2.400	203.953
自然生态	2020年人均公园绿地面积（平方米）	-4.364	1.614	7.316	0.007	0.013	0.001	0.181
	2020年工业烟尘排放量（吨）	1.878	1.124	2.790	0.095	6.541	1.029	41.573
土地利用	2020年城市开发强度（%）	-2.979	1.256	5.625	0.018	0.051	0.006	0.401
	常量	-6.486	3.243	3.999	0.046	0.002	—	—

在社会经济方面，职工失业保险覆盖率和在岗职工平均工资与人口数量之间存在显著性关联。首先，2020年全市城镇职工失业保险覆盖率指标在多元线性回归中的显著性为0.001，可以说明此指标与城市人口的数量之间有比较明显的关联，其标准化系数为-0.310，二者之间存在负相关性。造成这种情况的原因可能是一些城市的人口在不断增长，但当地的失业保障制度在实施过程中出现失业保险覆盖面窄的现象，导致收缴的失业保险数额有限，从而使得失业保险覆盖率变低。而正是这种

负相关性，显示出了城市在这一方面的短板。其次，2020年全市在岗职工平均工资的标准化系数为-0.076，由此能够知道其与人口数量之间的关系呈负向但影响很小，这也是人口集聚的城市中职工工资水平也在上涨的表现，进而使得人均职工工资并未与人口数量呈显著的负相关。也可以说，更高的薪资水平能够吸引人向该城市集聚。

在公共服务方面，万人拥有高校教师数、医疗设施密度、万人拥有医院床位数与人口数量间呈现一定的相关性。首先，2020年医疗设施密度的标准化系数为0.063，由此可知其与人口数量呈正相关。医疗设施作为基础的公共服务设施，保障着居民的身体健康，医疗设施的数量应随人口数量的增加而增加，确保居民能够享受到应有的医疗服务。但2020年万人拥有医院床位数的标准化系数为-0.108，由此可知其与人口数量呈负相关，由于该指标为人均指标，在一定程度上受到人口数量增加导致人均数量变小的影响。因此，自变量与因变量之间的负向关系合理，也能够由此看出医疗设施在床位提供方面的短板，应把它作为未来提升的关键内容。与之一样的是2020年万人拥有高校教师数，其标准化系数为-0.129，该指标能够体现在人口增长的过程中高校教师数并未出现大幅度增加，因此人均指标与人口数量呈负相关。

在市政设施方面，2020年移动电话年末用户数和2020年互联网宽带接入用户数与人口数量之间呈现显著的正相关。该两项指标的标准化系数分别为0.789和0.503，较为显著。在当前信息化的时代，移动电话与互联网基础建设作为支撑社会经济发展的战略性、基础性、先导性行业，是极为重要的，因此移动电话年末用户数和互联网宽带接入用户数这两项指标也能够在一定程度上体现城市的基础设施建设水平。并且，互联网设施的发展，不仅与居民生活有关，更能影响一个城市其他产业的发展，是保证城市社会经济平稳发展的根基。因此，在人居环境指标中，移动电话与互联网宽带的建设不可或缺。其次，2020年供水普及率指标的标准化系数为-0.060，2020年燃气普及率指标的标准化系数为0.056，这两项指标均涉及市政设施中十分基础的要素，与人口数量之间有显著的关联（显著性分别为0.054、0.081），但影响较小，可以理解为基础的市政设施建设并非吸引人口集聚的主要因素，但市政设施建设是必要的，只有保证基础的良好市政条件，才能为城市吸引人口、留住人口奠定基础。

在自然生态方面，人均公园绿地面积指标与人口数量间呈现出一定的相关性。

2020年人均公园绿地面积的标准化系数为-0.054，由此能够得知该指标与人口数量呈不太显著的负相关。与其他人均指标相同，受到人口增长的影响，当公园绿地面积的增长不足时，会出现人均绿地面积与人口数量间呈负相关的情况。但该负向关系较弱，说明在人口多的城市中，公园绿地面积也更多，但应当在此基础上继续提升。因为，人均公共绿地面积是反映城市居民生活环境和生活质量的一项，需要保证足够的人均公园绿地量以支撑该城市居民对公园绿地的使用。

（3）公共服务、市政设施类指标与城市人口数量存在持续的相关性

基于2010年和2020年的多元线性回归比较，发现万人拥有高校教师数、医疗设施密度、移动电话年末用户数、人均人行道面积4项公共服务设施和市政设施指标与城市人口数量显著相关（见表5-13）。

表5-13　2010年与2020年多元线性回归均显著的变量

指标	年份	未标准化系数		标准化系数			共线性统计	
		B	标准误差	Beta	t	显著性	容差	VIF
地方财政一般预算内收入（万元）	2010年	-0.369	0.208	-0.214	-1.773	0.077	0.074	13.590
	2020年	-0.346	0.139	-0.228	-2.496	0.013	0.079	12.708
失业率（%）	2010年	-0.074	0.029	-0.126	-2.533	0.012	0.435	2.301
	2020年	-0.080	0.036	-0.067	-2.233	0.026	0.723	1.383
万人拥有高校教师数（人）	2010年	0.290	0.067	0.318	4.354	0.000	0.200	5.012
	2020年	-0.060	0.028	-0.129	-2.114	0.036	0.176	5.676
医疗设施密度（个/千米^2）	2010年	-0.058	0.032	-0.091	-1.832	0.068	0.435	2.299
	2020年	0.058	0.034	0.063	1.694	0.091	0.470	2.128
移动电话年末用户数（万户）	2010年	0.478	0.049	0.814	9.686	0.000	0.151	6.622
	2020年	0.574	0.064	0.789	9.029	0.000	0.086	11.667
人均人行道面积（平方米/人）	2010年	0.047	0.026	0.071	1.814	0.071	0.701	1.426
	2020年	0.070	0.037	0.092	1.907	0.058	0.280	3.577

首先，在社会经济方面，地方财政一般预算内收入与失业率是在两个年份中均与人口数量间存在显著相关性的指标。在2010年与2020年中，地方财政一般预算内收入都与人口数量呈负相关（标准化系数为-0.214和-0.228）。地方财政一般预算内收入是指由各级财政部门组织并纳入预算管理的各项收入，与GDP并非同一概念，GDP高并不意味着财政收入一定高，地方财政一般预算内收入是基于增值税、消费税等各种税务进行收取的。这样的负相关性，有一部分原因是受到减税降费政

策的影响。一些城市为了激发企业的创新活力，实行减税降费制度，此制度能够为国民经济增长注入活力与动力，为中国经济的高质量发展增添强大的后劲，在一定程度上也能够对人口产生吸引力，促进城市人口集聚。但随着减税降费政策的持续推进，地方财政收入急速下降，对地方财政收入的可持续增长产生了一定的负面影响，造成地方财政收入下降。失业率指标在2010年和2020年均与人口数量呈负相关（标准化系数为-0.126和-0.067），也就是说在这些人口数量相对较多的城市，其人口的失业率更低。这也就证明失业率与人口数量直接有着一定的联系，更低的失业率对人口具有吸引力，同时这些地区也没有因为人口的集聚而产生更多失业人口，在一定程度上起到稳定人口数量的作用。

其次，在公共服务方面，万人拥有高校教师数与医疗设施密度为在两个年份中均与人口数量大小相关的指标。万人拥有高校教师数与人口数量在2010年呈正相关（标准化系数为0.318），在2020年呈负相关（标准化系数为-0.129）。能够看出在2010年，人口数量多的城市普遍拥有的高校教师数量也多，体现了教育业对人口的强大吸引力；而到了2020年，二者呈现了一定的负相关，可以理解为在人口不断集聚的过程中该人均指标变小，因为一些高校的教师数是一个较为稳定的数量，高校不同于中小学，其数量变化不大。因此，高校作为高等教育的基础，能够对人口集聚起到一定的作用。医疗设施密度与人口数量之间的关系，在2010年呈现负相关（标准化系数为-0.091），而在2020年呈现出正相关（标准化系数为0.063）。当前，医疗设施成为公共服务设施中必不可少的要素，从2010年到2020年的转变，可以体现在人口更多的城市中医疗设施建设的提升，同时，更好的医疗卫生条件也是吸引人口的要素。

再次，在市政设施方面，移动电话年末用户数在两个年份中均与人口数量之间呈现强烈的相关性。方程系数反映二者之间有很强的正相关关系（标准化系数分别为0.814和0.789），说明移动电话基础设施不论在什么时期都是基础建设中不可或缺的内容。

最后，在道路交通方面，在两个年份中人均人行道面积与人口数量之间都呈现一定的正相关性。两个年份的标准化系数为0.071和0.092，表明在人口数量更多的城市中，其人行道的建设也呈现更高的质量，并未因人口基数的增多而出现人均人行道面积降低的情况。因此，人行道作为行人出行的保障，也是城市人居环境建设的一大重要内容。

5.4 城市吸引力评估检验

5.4.1 基于BP神经网络验证的城市人居环境－人口模型拟合度良好

本书使用MATLAB进行BP神经网络模型构建,采用三层反向传播神经网络模型,包括输入层、隐藏层和输出层。输入层神经元数量(n)与输入的自变量个数相同,输出层神经元数量为一个,隐藏层神经元数量设定为$\sqrt{n+1}$个。输入层分别输入2010年和2020年不同人居环境指标数据作为自变量,输出层分别输入2010年和2020年的人口数据,构建拓扑结构为39-7-1的BP神经网络(见图5-4),设置训练集、验证集、测试集分别占比70%、15%、15%,然后使用Levenberg-Marquardt算法,经过隐藏层的中间处理,得到神经网络训练效果及回归情况。

BP训练过程、交叉验证度过程及测试过程的MSE均方误差指标在每一代中的表现趋于一致。神经网络训练效果显示,两个年份BP神经网络分别训练到第3代和第9代时训练结果最理想,如图5-5所示。

2010年和2020年数据的训练集、验证集、测试集拟合度均良好。拟合概率参数R在理论层面的最佳值应为$R=1$,代表着训练集实际参数与理想最佳参数为1︰1关系,一般R值在0.8以上视为拟合度良好。根据2010年和2020年BP神经网络回归图(图5-6和图5-7)可知,2010年数据的训练集、验证集、测试集及总体的拟合概率参数均大于0.8,说明城市人居环境－人口模型拟合度整体较好。2020年的拟合概率参数比2010年更高,达到0.9以上,说明城市人居环境－人口模型拟合度非常好。

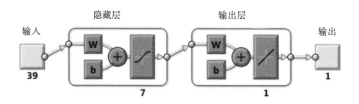

图 5-4　BP 神经网络

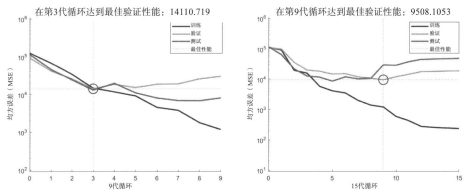

图 5-5 2010 年和 2022 年 BP 神经网络训练效果图

（见文后彩图）

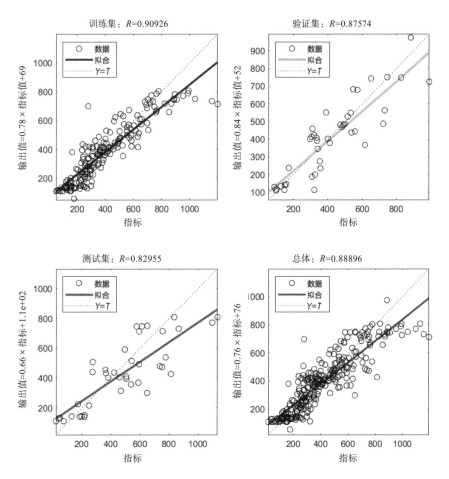

图 5-6 2010 年 BP 神经网络回归图

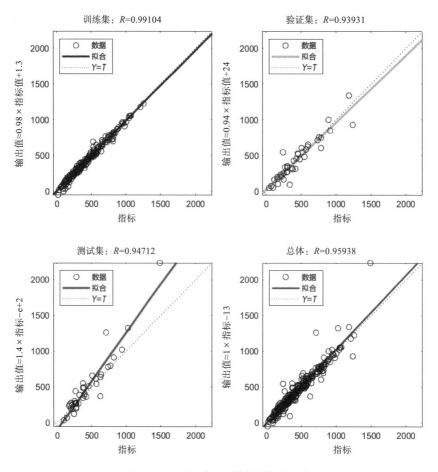

图 5-7 2020 年 BP 神经网络回归图

5.4.2 公共服务和市政设施与人居环境吸引力显著相关

使用 SPSS 生成神经网络多层感知器，输入 2010 年及 2020 年人居环境指标与人口数据，设置 70% 训练层和 30% 检验层，对人居环境指标重要性进行估算，发现移动电话年末用户数、万人拥有中小学教师数、安装路灯道路长度、互联网宽带接入用户数、万人拥有高校教师数、万人拥有医生数等公共服务设施、市政设施指标与城市吸引力显著相关。

2010 年公共服务、市政设施及社会经济类指标对城市人口数量的重要性较高。根据 BP 神经网络分析结果，2010 年人居环境指标重要性排序为前十的指标有移动电话年末用户数、万人拥有中小学教师数、人均居住用地面积、地方财政一般预算内收入、全市人均地区生产总值、安装路灯道路长度、互联网宽带接入用户数、可吸入颗粒物年平均浓度、万人拥有高校教师数、中小学密度，涵盖了市政设施、公共服务、土地利用、社会经济、道路交通及自然生态五大类，如表5-14和图5-8所示。其中市政设施、公共服务及社会经济三类指标较多且重要性排名靠前，与多元线性回归和二项逻辑斯蒂回归分析结果相同。

表5-14　2010年重要性排名前十的指标

指标	重要性	正态化重要性
移动电话年末用户数	0.081	100.00%
万人拥有中小学教师数	0.060	74.40%
人均居住用地面积	0.053	65.70%
地方财政一般预算内收入	0.052	64.00%
全市人均地区生产总值	0.052	64.40%
安装路灯道路长度	0.050	62.30%
互联网宽带接入用户数	0.048	59.10%
可吸入颗粒物年平均浓度	0.046	57.30%
万人拥有高校教师数	0.044	54.80%
中小学密度	0.041	51.30%

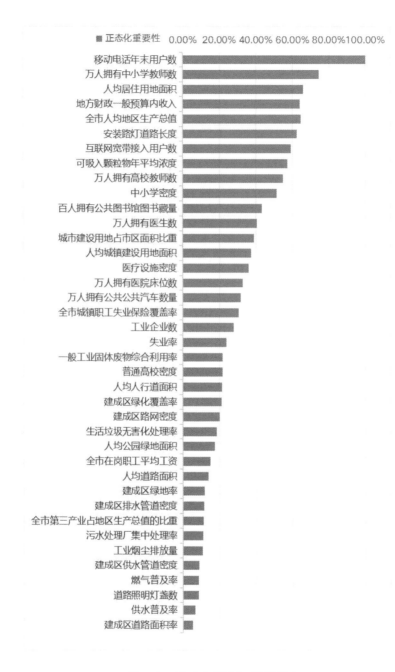

图 5-8 2010 年指标重要性排序图

2020年公共服务、市政设施类指标对城市人口数量的重要性较高。根据BP神经网络分析结果，2020年人居环境指标重要性排序为前十的指标有移动电话年末用户数、互联网宽带接入用户数、安装路灯道路长度、全市城镇职工失业保险覆盖率、道路照明灯盏数、万人拥有中小学教师数、百人拥有公共图书馆图书藏量、万人拥有医生数、地方财政一般预算内收入、人均居住用地面积，涵盖了市政设施、道路交通、公共服务、社会经济及土地利用五大类，如表5-15和图5-9所示。其中市政设施、公共服务两类指标较多，与多元线性回归和二项逻辑斯蒂回归分析结果基本相符，与2010年BP神经网络分析结果相比，社会经济、自然生态类指标重要性有所下降。

表 5-15 2020年重要性排名前十的指标

指标	重要性	正态化重要性
移动电话年末用户数	0.116	100.00%
互联网宽带接入用户数	0.090	77.50%
安装路灯道路长度	0.071	60.80%
全市城镇职工失业保险覆盖率	0.050	42.80%
道路照明灯盏数	0.046	39.80%
万人拥有中小学教师数	0.045	39.10%
百人拥有公共图书馆图书藏量	0.039	33.80%
万人拥有医生数	0.037	32.00%
地方财政一般预算内收入	0.035	30.30%
人均居住用地面积	0.031	26.50%

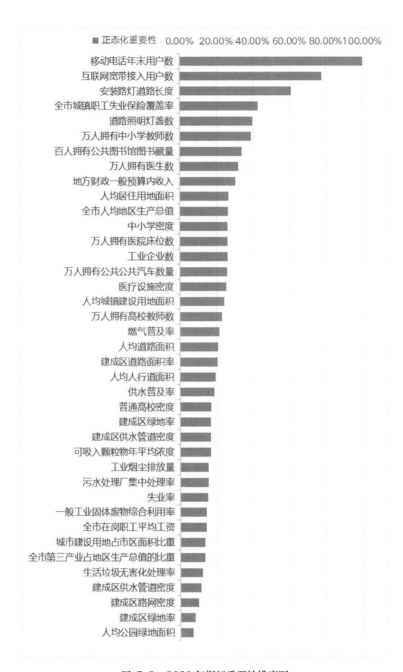

图 5-9 2020 年指标重要性排序图

城市设施服务强度实证测算

从交通、医疗、教育、商业、游憩设施入手，运用高斯曲线、加权求和方法测算河南省新乡市原阳县城的设施服务强度，并与人口分布密度作比较；采用结构方程模型测算上述设施的服务满意度，并与设施服务强度作比较。

6.1 设施服务强度和满意度研究方法

6.1.1 设施服务强度测算模型

（1）强度衰减曲线

设施服务强度随距离的增大而降低，衰减率呈高斯曲线（见图6-1）。假设$f(x)$是设施服务强度系数，则：

$$f(x)=ae^{\frac{-(x-b)^2}{2c^2}} \tag{6-1}$$

式中：a——曲线尖峰的高度；

b——尖峰中心的横坐标；

c——标准差。

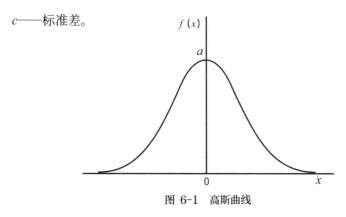

图 6-1 高斯曲线

（2）加权计算公式

假设公共服务设施的服务强度的衰减率在0~1000米的步行距离内从1连续衰减至0，将各类公共服务设施的服务强度在空间上进行叠加，即得到该区域公共服务设施的综合服务强度。

假设 G 为城市某处各类公共服务设施的服务强度综合得分，则：

$$G=\sum_{n=1}^{i,j,k,l}(\lambda T_i+\mu H_j+\nu E_k+\varphi B_l) \quad (6\text{-}2)$$

式中：T_i——标准化处理后 i 个交通设施在某处的服务强度，λ 为其权重；

H_j——标准化处理后 j 个医疗设施在某处的服务强度，μ 为其权重；

E_k——标准化处理后 k 个教育设施在某处的服务强度，ν 为其权重；

B_l——标准化处理后 l 个教育设施在某处的服务强度，φ 为其权重。

6.1.2 结构方程模型

结构方程模型是一种融合了因子分析与线性回归分析的基于问卷数据验证理论或假设合理性及其变量相互关系的统计方法。结构方程模型包含测量模型和结构模型两部分。其中，测量模型反映了潜在变量被观测变量解释的程度，结构模型反映了内外潜在变量之间的相关关系，以及其他变量无法解释的变异量。

（1）测量模型

观测变量构成潜在变量的特质或因子，潜在变量由于无法直接测量，一般通过观测变量来估计和反映，如图 6-2 所示。

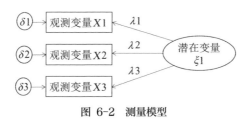

图 6-2 测量模型

回归方程式如下：

$$\begin{aligned}X1&=\lambda 1\xi 1+\delta 1\\X2&=\lambda 2\xi 1+\delta 2\\X3&=\lambda 3\xi 1+\delta 3\end{aligned} \quad (6\text{-}3)$$

式中：$\xi 1$——潜在变量，由观测变量 $X1$、$X2$、$X3$ 来反映；

$\lambda 1$、$\lambda 2$、$\lambda 3$——标准化的因数负荷量，描述观测变量 $X1$、$X2$、$X3$ 对潜在变量 $\xi 1$ 的解释能力；

δ_1、δ_2、δ_3——残差，表示测量误差。

（2）结构模型

潜在变量由内生潜在变量和外生潜在变量组成，内生潜在变量受外生潜在变量影响，内生潜在变量和外生潜在变量均通过观测变量进行估计，如图 6-3 所示。

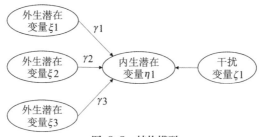

图 6-3　结构模型

回归方程式如下：

$$\eta_1 = \gamma_1 \xi_1 + \gamma_2 \xi_2 + \gamma_3 \xi_3 + \zeta_1 \qquad (6-4)$$

式中：ξ_1、ξ_2、ξ_3——外生潜在变量；

η_1——内生潜在变量；

γ_1、γ_2、γ_3——回归路径系数；

ζ_1——残差项，表示外生潜在变量无法解释内生潜在变量变异的部分。

综合（1）和（2），结构方程模型不同变量之间的关系如图 6-4 所示。

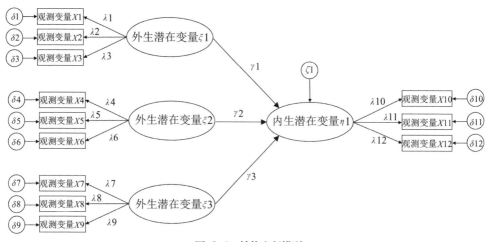

图 6-4　结构方程模型

6.2 设施服务强度测算

6.2.1 研究对象

原阳县属河南省新乡市，南依省会郑州，北接市府新乡。原阳县地处豫北平原，南临黄河，属黄河冲积平原，地势西南高东北低，如图 6-5 所示。原阳县域面积 1306 平方千米，县城面积 32 平方千米，全县辖 3 个街道办事处、17 个乡镇。从城市规模和经济发展水平看，原阳县属于中原地区典型的中小城市，其人居环境的建设有一定代表性。

从百度、高德地图的开源数据中获取原阳县城建成区 2019 年道路网络（图 6-6），以及交通、医疗、教育、商业、游憩五种基本公共服务设施的位置数据，结合河南省政务公开数据，对提取的信息进行筛选、校核，以提高数据的准确度。人口数据主要通过原阳县统计局公布的 2019 年统计数据获取。

调研数据来自问卷访谈，照片来自实地拍摄。

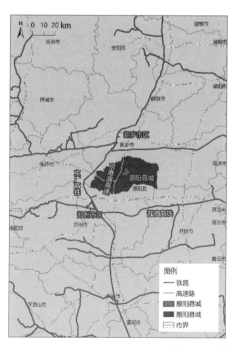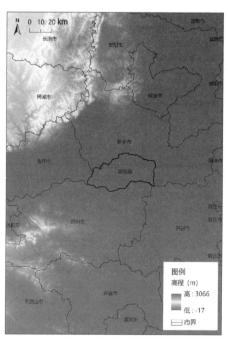

图 6-5 原阳县区位与地形
（见文后彩图）

6 城市设施服务强度实证测算 | 109

图 6-6　原阳县城建成区 2019 年道路网络
（见文后彩图）

6.2.2　覆盖范围

生活圈的内部出行目的地主要集中在各类公共服务设施上，因此 15 分钟生活圈内的公共服务设施分布情况会直接影响居民的出行选择。原阳县城处于城市服务设施 0~1000 米服务范围的区域占比 77.5%，覆盖率较高，但也存在 22.5% 占比的服务盲区。城市服务设施密度较高的区域主要集中于老城区的中兴街与人民路及建设路交叉口附近、建设路与胜利路交叉区域，以及新城区的人民路与惠民街交叉区域，这些区域同时也是居住小区密度较高的区域。城市服务设施服务盲区多位于城市外围及南部工业区，如图 6-7 所示。

图 6-7 原阳县城设施服务范围与分布密度

（见文后彩图）

6.2.3 交通设施

公交站多沿中兴街、胜利街、建设路等城市主要道路分布。从直线距离来看，公交站的平均服务半径为305米，最短服务半径88米，最长服务半径1121米。另外，公交站与最近居住小区的平均直线距离为266米，最短直线距离26米，最长直线距离867米。

从路径距离来看，处于公交站 0~300 米服务范围的区域占比 4.7%，处于 300~600 米服务范围的区域占比 10.1%，处于 600~1000 米服务范围的区域占比 24.9 %。

综上，处于 0~1000 米服务范围的区域占比 39.7%，沿人民路、文源路及老城中心区公交站分布密度最高；存在 60.3% 占比的服务盲区多位于建成区边缘及城市西侧、南侧，有少数居住小区位于服务盲区，如图 6-8 所示。

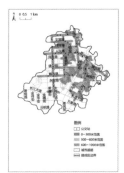

图 6-8 原阳县城交通设施服务范围、服务分区、与居住小区距离及分布密度

（见文后彩图）

6.2.4 医疗设施

医疗设施集中分布于老城区，新城区分布密度普遍较低。从直线距离来看，医院的平均服务半径为 234 米，最短服务半径 13 米，最长服务半径 940 米。另外，医院与最近居住小区的平均直线距离为 345 米，最短直线距离 15 米，最长直线距离 1205 米。

从路径距离来看，处于医院 0~300 米服务范围的区域占比 9.7%，处于 300~600 米服务范围的区域占比 16.4%，处于 600~1000 米服务范围的区域占比 22.9%。

综上，处于 0~1000 米服务范围的区域占比 49%，密度较高区域多位于老城区与新城区沿惠民街两侧区域；存在 51% 占比的服务盲区，多位于建成区边缘与城市南部工业用地集中区，如图 6-9 所示。

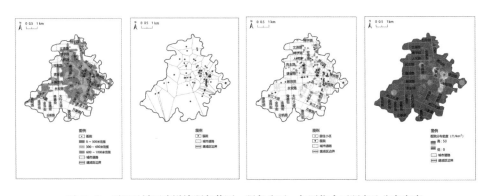

图 6-9 原阳县城医疗设施服务范围、服务分区、与居住小区距离及分布密度
（见文后彩图）

6.2.5 教育设施

教育设施多分布于惠民街以东的新城区及老城区中心。从直线距离来看，学校的平均服务半径为 208 米，最短服务半径 23 米，最长服务半径 809 米。另外，学校与最近居住小区的平均直线距离为 236 米，最短直线距离 13 米，最长直线距离 1063 米。

从路径距离来看，处于学校 0~300 米服务范围的区域占比 13.5%，处于 300~600 米服务范围的区域占比 18.6%，处于 600~1000 米服务范围的区域占比 24.3%。

综上，处于 0~1000 米服务范围的区域占比 56.4%，解放路北侧的老城区分布密度较高；存在 43.6% 占比的服务盲区，多位于城市边缘及南部工业区，有个别居住区位于服务盲区，如图 6-10 所示。

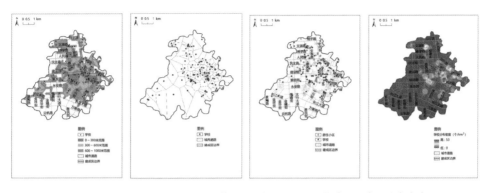

图 6-10 原阳县城教育设施服务范围、服务分区、与居住小区距离及分布密度

（见文后彩图）

6.2.6 商业设施

商业设施多沿建设路、惠民街、中兴街、胜利街等主要道路呈线性分布。从直线距离来看，商店的平均服务半径为 80 米，最短服务半径 4 米，最长服务半径 753 米。另外，商店与最近居住小区的平均直线距离为 151 米，最短直线距离 10 米，最长直线距离 949 米。

从路径距离来看，处于商店 0~300 米服务范围的区域占比 15.0%，处于 300~600 米服务范围的区域占比 21.1%，处于 600~1000 米服务范围的区域占比 32.7%。

综上，处于 0~1000 米服务范围的区域占比 68.8%，主要集中于城市北部，中兴街沿街分布密度最高，基本实现居住区全覆盖；存在 31.2% 占比的服务盲区，多位于建成区边缘及南部工业用地集聚区，如图 6-11 所示。

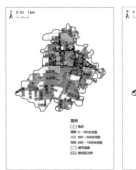  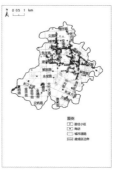 

图 6-11 原阳县城商业设施服务范围、服务分区、与居住小区距离及分布密度

6.2.7 游憩设施

游憩设施数量较少，主要分布于解放路与惠民街交叉口，其他区域分布较少。从直线距离来看，绿地、广场和体育馆的平均服务半径为 570 米，最短服务半径 206 米，最长服务半径 1197 米。另外，绿地、广场和体育馆与最近居住小区的平均直线距离为 734 米，最短直线距离 79 米，最长直线距离 1980 米。

从路径距离来看，处于绿地、广场和体育馆 0~300 米服务范围的区域占比 1.0%，处于 300~600 米服务范围的区域占比 3.6%，处于 600~1000 米服务范围的区域占比 12.9%。

综上，处于 0~1000 米服务范围的区域占比 17.5%，很难满足居民使用的需求。存在 82.5% 占比的服务盲区，大部分居住区位于服务盲区，如图 6-12 所示。

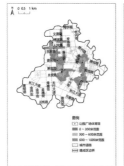   

图 6-12 原阳县城游憩设施服务范围、服务分区、与居住小区距离及分布密度
（见文后彩图）

6.2.8 设施服务强度分区

根据上述分析，发现各类公共服务设施的数量及空间分布具有显著差异，商业设施数量最多，服务范围最广，服务盲区最少，分布密度普遍高于其他公共服务设施。游憩设施数量最少，服务盲区最大。交通设施、医疗设施及教育设施成片集中布局较为明显，商业设施则多沿主要城市道路呈线性布局，游憩设施的分布与城市山水格局息息相关。

建成区边界地区的各类设施分布均较少，城市南部的工业用地集聚区的各类服务设施普遍缺乏。公共服务设施向城市中心街道集聚现象较为明显，公共服务设施的空间布局与城市主要道路的分布有密切关系。各类公共服务设施在老城区城市中心形成大范围的集聚，同时相对分散集中于新城区一些街道两侧。

城市不同片区在获得各类设施数量上存在显著差异，这与城市公共服务设施数量分布有关，购物的可达性较高，交通设施、医疗设施及教育设施的可达性相对较低，游憩设施的可达性最低。各类设施的可达性空间范围分布相对一致，均呈现明显中心—外围结构特征，这与方格型路网结构密度、走向及道路等级有明显相关性。

综合来看，处于服务强度为前四分之一的区域占比 7.6%，前四分之二的区域占比 7.9%，后四分之三的区域占比 21.8%，后四分之四区域占比 40.7%。存在 22% 占比的服务盲区，如图 6-13 所示。城市公共服务设施服务强度普遍较低，服务强度较高地区多位于老城区且沿中兴街两侧分布，城市北部住区与南部工业区服务强度普遍较低，这与人口密度在空间上的分布特征不相符，说明有较多人口的密集区域的公共服务设施配置强度却较低，无法满足居民的使用需求，公共服务设施空间布局有待进一步优化。

图 6-13　原阳县城设施服务强度、人口分布密度

（见文后彩图）

6.3 设施服务满意度测算

6.3.1 实证模型构建

本书的调研对象为在原阳县城街巷随机访谈的人员，发放问卷 585 份，收回有效问卷 528 份。问卷采用李克特量表 5 分制打分法对各个观测变量进行评估，运用 SPSS 22.0 和 Amos 24.0 进行信度效度检验和结构方程模型检验。

模型基于可获得性、可负担性和可达性三个维度的外生潜在变量描述城市服务设施的服务能力。其中，可获得性以数量、规模、种类三个观测变量表达，可负担性以价格、质量、服务三个观测变量表达，可达性以公交便捷性、步行舒适度两个观测变量表达。

模型的内生潜在变量为居民满意度，以设施满意度和路径满意度两个观测变量表达。其中设施满意度为居民对设施提供产品或服务的满意程度，路径满意度为居民对前往设施途经路径的满意程度。模型潜在变量与观测变量如表 6-1 所示。

表 6-1 模型潜在变量与观测变量

潜在变量		观测变量	变量解释
外生潜在变量	可获得性	数量	住区 15 分钟步行范围内的服务设施数量
		规模	住区 15 分钟步行范围内的服务设施规模
		种类	住区 15 分钟步行范围内的服务设施种类
	可负担性	价格	产品（服务）价格
		质量	硬件（环境）品质
		服务	产品（服务）质量
	可达性	公交便捷性	居民搭乘公交前往设施的便捷程度，包括公交车覆盖率、运行强度、站点距离等
		步行舒适度	设施对居民步行的友好程度，包括道路平整度、街道环境、空间品质等

（续表）

潜在变量		观测变量	变量解释
内生潜在变量	居民满意度	设施满意度	居民对设施提供产品或服务的满意程度
		路径满意度	居民对前往设施途经路径的满意程度

注：表中设施指交通、医疗、教育、商业、游憩五类城市服务设施，产品或服务指城市服务设施提供的硬件产品或软件服务。

6.3.2 实证模型检验

信度和效度是检测因子可靠性和有效性的两个重要指标。运用 SPSS 22.0 对问卷数据进行克朗巴哈系数、KMO 和 Bartlett 球形检验。结果显示，克朗巴哈系数值为 0.94，高于 0.9，表示信度较高，适合作因子分析；KMO 值为 0.92，Bartlett 球形检验值为 0.00，KMO 值大于 0.9，Bartlett 球形检验值具有显著性，表示效度较高，适合作因子分析。

适配度是评估模型假设是否有效的重要指标。将信度检验的问卷数据导入 Amos 24.0，各个参数满足适配度要求（见表 6-2），得到适配度检验结果（见图 6-14），结构方程模型成立。

表 6-2 实证模型适配度

指标	自由度	GFI	AGFI	CFI	IFI	PNFI	PGFI	RMSEA
模型拟合参数	1.56	0.93	0.91	0.94	0.94	0.78	0.81	0.03
推荐指标	<3	>0.9	>0.9	>0.9	>0.9	>0.5	>0.5	<0.08

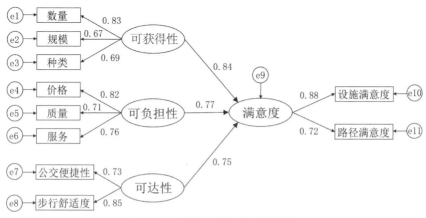

图 6-14 结构方程模型标准化路径

6.3.3 结构模型分析

结构方程模型中潜在变量之间的路径系数称为回归路径系数,系数越大,表示观测变量之间的相关性越高。

居民满意度与城市服务设施的可获得性、可负担性、可达性的回归路径系数分别为0.80、0.77、0.75,远大于0.50,并且各回归路径系数的P值均小于0.05(见表6-3),表明它们之间存在着显著的相关性,即城市服务设施的可获得性、可负担性、可达性对居民满意度有显著影响。

表 6-3 结构模型回归路径系数

路径	回归路径系数	P 值
可获得性→满意度	0.80	0.001
可负担性→满意度	0.77	0.006
可达性→满意度	0.75	***

说明:P值小于0.05表示估计有效,***表示P值小于0.001。

6.3.4 测量模型分析

测量模型中潜在变量与观测变量之间的系数被称为标准化的因子载荷,系数越大,表示观测变量对潜在变量的解释能力越高。在实证模型中10个观测变量回归系数的P值均小于0.05(见表6-4),表示观测变量的解释有效。

表 6-4 测量模型回归系数

潜在变量	观测变量	因子载荷	P 值
可获得性	数量	0.83	0.001
	规模	0.67	0.006
	种类	0.69	0.022
可负担性	价格	0.82	***
	质量	0.71	0.002
	服务	0.76	***
可达性	公交便捷性	0.73	0.003
	步行舒适度	0.85	0.005
满意度	设施满意度	0.88	***
	路径满意度	0.72	***

说明:P值小于0.05表示估计有效,***表示P值小于0.001。

（1）可获得性

数量、规模、种类三个观测变量的因子载荷均大于 0.60，表明它们对可获得性的解释能力较强。其中，数量的因子载荷（0.83）大于规模和种类的因子载荷（0.67 和 0.69），表明居民对周边服务设施的数量最敏感，其次为种类，再次为规模。

（2）可负担性

价格、质量、服务三个观测变量的因子载荷均大于 0.70，表明它们对可负担性的解释能力较强。其中，价格的因子载荷（0.82）大于服务和质量的因子载荷（0.76 和 0.71），表明居民对周边服务设施的价格最敏感，其次为服务，再次为质量。值得指出的是，女性更在意价格，男性更在意服务；45 岁及以上年龄段的女性对价格最敏感；24 岁及以下年龄段的女性对服务最敏感。

（3）可达性

公交便捷性和步行舒适度两个观测变量的因子载荷均大于 0.70，表明它们对可达性的解释能力较强。其中，步行舒适度的因子载荷（0.85）大于公交便捷性的因子载荷（0.73），表明居民更愿意选择步行前往城市服务设施。事实上，大多数居民尤其是 45 岁及以上年龄段的日常出行方式为步行，34 岁及以下年龄段的居民更愿意选择公交或私家车出行。

（4）满意度

设施满意度和路径满意度两个观测变量的因子载荷均大于 0.70，表明它们对满意度的解释能力较强。其中，设施满意度的因子载荷（0.88）大于路径满意度的因子载荷（0.72），表明居民虽然对城市服务设施所提供的硬件产品或软件服务更敏感，但前往设施路途中的体验和感受也不容忽视。

6.3.5 设施服务满意度分区

设施服务满意度涉及设施点本身及周边要素，因此采用反距离加权插值法将设施得分转换为空间得分，剖析满意度的空间分布格局，并与设施服务强度进行对比。

设施服务强度与设施服务满意度在空间上基本吻合，表明设施服务强度对设施服务满意度影响巨大。设施服务满意度为前四分之一的区域集中于胜利街两侧，前四分之二区域集中分布于惠民街两侧及老城区中心区域，整体服务强度呈现由城市中心向城市外缘逐渐降低的趋势，这与设施服务强度的空间分布基本一致。设施服务强度与设施服务满意度在空间上不吻合的区域，多是因为设施质量、设施价格、服务品质等因素差异导致的满意度变化。设施服务强度高而满意度低的区域，说明设施服务品质较低；设施服务强度低而满意度相对较高的区域，设施服务品质较高（图6-15）。

图 6-15 原阳县城设施服务强度和设施服务满意度对比

（见文后彩图）

7

城市空间绩效提升策略

在进行城市空间绩效影响因素分析、城市吸引力评估、设施服务强度与满意度测算的基础上，从优化体系形态、实现就近服务、贯通连接路径、提高步行舒适度、提高用地混合度等多个方面提出城市空间绩效的提升策略。

7.1 优化体系形态

7.1.1 完善体系结构

在本区域接近地理几何中心的位置，围绕中心城市构建组团式相对集中的城市体系空间结构。空间分布形态直接影响城市体系空间结构紧凑度的高低，因此在本区域接近地理几何中心的位置，应围绕中心城市构建组团式相对集中的城市体系，不仅有利于减少居民的平均出行时间，也有利于促进对整个区域的管辖。

提升中心城市的均衡分布程度，缩短每个中心城市的服务半径。乡镇撤并一方面精简了行政体系机构和推动了要素资源整合，但另外一方面也增加了农民就近获取服务的出行耗时。因此，紧凑均衡的城市体系，应提升中心城市的分布均衡程度，如有条件的地方扩权强县、扩权强镇等，缩短居民获取服务的出行路径耗时。

中小城市采取多种措施提高吸引力，减缓要素资源向超大城市的加速集中。提升城市体系的路网速度，空间结构紧凑度变高，而空间网络均衡度则降低，即中心城市的虹吸效应增大，整个城市体系出现极化，这意味着更多的要素资源如人才、技术、资金等将加速向大城市集中。因此进入高铁时代后，中小城市更须在土地、财税、投融资等方面提供优惠，以抗衡大城市对各类要素资源的吸引力。

7.1.2 优化布局形态

鼓励小城市构建单中心、圆形、连续集中的空间结构；推动大城市进行多中心组团化布局。对于较小规模的城市来说，若构建单中心、圆形、连续的空间形态，则其空间绩效较高；而对于大城市而言，单中心空间结构会使得居民的出行距离过长，多中心组团化的布局相对更显合理。但多中心组团式格局也需要注意：①保证每个组团具有一定的规模，因为碎片化的土地利用布局会加速城市的蔓延；②注意职住平衡和相关服务设施配套，否则组团化发展只能使出行距离更长；③组团间应建立完善的公交体系，否则组团间的交通需求会间接促进小汽车使用量的增加。

位于平原和丘陵地区的城市，可以通过严格的土地审批制度遏制城市快速扩张。地形因素对城市空间结构紧凑度有较大的影响，但对空间结构均衡度的影响不大。处于山区的城市由于地形限制，城市结构比较紧凑，而平原和丘陵地区的城市则没有地形的约束，更易铺开蔓延，需要更严格的土地管控制度和措施以限制城市的过快蔓延。

在市场经济条件较好的城市，应施加更加精细的土地管理制度以遏制过度扩张的城市土地。较其他城市而言，由市场力量所推动的城市扩张具有更快的蔓延速度及更强的持续性。北京作为我国的首都，有着明显的历史遗产和行政地位，其目前的城市扩张增量最大，但扩张速度远远比不上重庆、深圳这样的市场经济发展水平高的地区，尤其是深圳这种民营经济发达、市场高度活跃的城市。

在新、旧城区均衡配置城市服务中心，可减少居民总出行时间。在新、旧城区均衡配置市区级和社区级服务中心，即使城市空间结构紧凑度随着城市的蔓延而下降，由于服务设施的均衡合理布局，让居民无须跨社区获取服务，依旧能够有效地缩短总出行时间，获得较佳的空间绩效。

7.2 实现就近服务

中小城市普遍存在城市公共服务设施空间布局不均等、服务强度不足、服务盲区较多等问题。一方面，城市内部的公共服务设施空间布局不均衡，城市中心集中了大量的公共服务设施，其他地区的设施则非常匮乏，导致城市中心的公共服务设施使用效率偏低，而其他地区存在服务盲区，无法满足居民的日常使用需求；另一方面，中小城市的公共服务设施建设普遍滞后，服务水平较差，未能适应居民多层次、多元化的使用需求，导致设施利用率较低、长期闲置。

可达性反映从起点到达终点的空间难易程度，是评估城市服务设施布局与人居环境质量的重要标准。公共服务设施配置应当统筹效率性和公平性两项原则，既要考虑各种设施的可能利用效率，又要满足公民全面均等地享用公共服务设施的权利需要。可通过缩短起点到终点的空间距离，实现就近服务，并制定基本公共服务设施配置的时间准入门槛，从基本保障向多样性延伸，以提升城市服务设施的可达性，从而提升城市人居环境的品质。

7.2.1 消除服务盲区

实现公共服务设施就近服务，首先要完善城市服务设施的空间布局，全面提高城市服务设施的覆盖率，避免城市服务设施仅集中于城市中心，消除城市公共服务设施的服务盲区，如图 7-1 所示。应当遵循《城市居住区规划设计标准》《城市公共服务设施规划标准》等国家规范中的城市服务设施配置要求，充分挖掘城市现存空间资源，盘活存量用地，满足所有城市居民的日常使用需求。应当科学确立服务半径和服务人口，公共服务设施建设选址应靠近服务对象，与服务半径和服务对象数量、年龄结构等因素有机衔接。幼儿园和小学、社区养老托育设施、诊所等服务频次高、服务对象活动能力弱的设施，应适度控制设施规模、合理安排设施密度。对于人员居住相对分散的偏远地区，因地制宜、统筹规划布局固定服务设施和流动服务设施，流动服务应明确服务时间和地点并保有相对稳定性，以提升居民享用公共服务设施的便捷性。

同时，还可以推动设施的共建共享，倡导有条件的单位向公众开放设施，并完善相应配套管理体系及运作机制，确保公共设施的安全、有效，满足社会的实际需要。各级学校可以有条件地对公众开放文体场馆；鼓励用地混合利用，促进文化设施和商业娱乐业的相互协调，提升功能兼容性。可以实施集群办学、医联体等创新服务模式，统筹管理公共服务的空间布局及建设时序，提高整体水平。

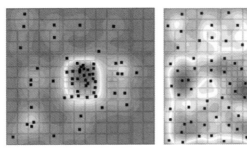

图 7-1　消除城市公共服务设施的服务盲区

（见文后彩图）

7.2.2　均衡空间布局

要实现公共服务设施就近服务就需要促进服务设施的均衡分布（见图 7-2），构建多中心服务组团。避免城市服务设施在空间上单中心极化发展，实现公共服务均等化发展。应当依据以人为本、时空结合的原则，通过设施的使用频率和达到时距，划分公共服务设施的层级，形成多级圈层构成，结合大数据分析的各类人群的社区服务能力，加强服务薄弱地区的配置供给，统筹各类服务设施布局。

除了在建设时间上存在较大差异，不同公共服务设施在空间布局的核心要素提取上也有所差别。这与不同设施的功能业态、使用频率、服务范围等因素有较大关系。大型公共服务设施应当将"集约化"作为其主要的布局原则，在区域范围内进行统筹部署。通过空间的精细化划分与城市服务设施的分层分级分类配置，改善城市公共服务设施和中小规模公共服务设施的覆盖程度，以满足各区域、各层次居民的多样化需要。

公共服务设施建设坚持功能优先、经济适用的原则，应合理控制公共服务设施建设规模，盲目追求大尺度、复合型设施是不可取的。对于高频次服务设施，应适度缩减规模、增加布点，通过建设分院、连锁等方式形成服务合力，共享优质资源。

对于服务频次相对较低或多个服务事项具有较强相关性的设施，应统筹协调，建设相对完整的服务链条，适度集中布局。

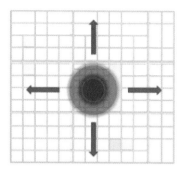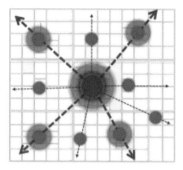

图 7-2　服务设施的均衡分布
（见文后彩图）

7.2.3　结合人口需求

城市服务设施配置应当与人口密度相对应（见图 7-3），从居民的需求出发来调整空间供给。结合人口发展趋势与人口结构，根据不同人群的行为特征与需求特征，在空间上合理分配城市服务设施的数量、规模与类型，避免人群与设施配置的空间错位。利用入住率作为划分居住区类型的评判标准来指导设施的配套时间，可以有效地解决由缺少基础设施造成的生活不便问题，以及由设施利用率低造成的资源浪费。要达到"全面覆盖"的目标，必须从服务人口和服务半径进行综合考虑，并进行补充性建设。对于供需矛盾突出的大型医疗、文化体育设施，可将其同人口集聚中心结合，并综合考虑其与公共交通设施的结合关系。通过设施的差异化针对性供给，满足城市居民的多样化需求，可有效提升公共服务效率，防止公共资源浪费。

城市公共服务设施的公平配置应注重弱势群体的实际利益，进行公共服务设施的差异化的配置供给。如中低收入与低收入人群由于经济状况受限，对服务质量要求不高，为这些群体设计的公共服务设施应以就近布局与质量适中为原则。高收入人群对公共设施质量有更高的要求，且经济条件对其制约作用不大，因此可在其居住区周边配置优质的公共服务设施。总的来说，就是要避免居住人群与公共服务设施配置出现空间不匹配问题。

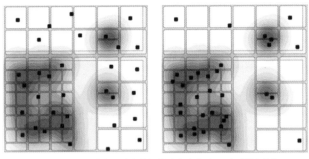

图 7-3 城市服务设施配置应当与人口密度相对应
（见文后彩图）

7.3 贯通连接路径

交通通达性是影响城市服务设施可达性的重要因素。对于可达性低导致公共服务水平低的区域，提升交通通达性、贯通连接路径是主要的优化措施。通过完善道路系统、慢行系统、公交系统，构建完善的交通体系，提升居民出行的便利度，可以解决城市服务设施到达困难的问题，也可有效提升居民低碳出行的意愿。

以完善的区域公共交通环境及合理的公共设施空间布局为主要策略来实现交通通达性的提高。根据公共服务设施的等级差异，不同居民可承受的时间成本也存在不同的特征，故应考虑的空间布局中的核心要素也各有侧重。地区级公共服务设施可以适当扩展服务范围，并结合轨道交通站点和公交枢纽站点在交通便捷的区域中心地带布点建设；居住区级公共服务设施布局应以保证居民可迅速到达为首要目标，建议一般集中建设于交通便利的中心地段或邻近公共交通站点。

7.3.1 完善道路网络

中小城市常存在路网系统破碎、道路分级不明确、断头路多等问题，严重影响交通系统的连续性与通达性。路网密度会显著影响居民的低碳出行选择。在过去城镇化快速发展阶段，粗放式的发展形成了以效率为本的"大街区宽马路"的路网结构，造成了交通拥堵、环境污染等城市问题。而现在越来越多的人已经开始认同"小街区密路网"的路网结构带来的"人本主义"影响。网格型融合路网是基础，路网密度与交叉口密度决定了路网的可达性，而出入口密度也是决定道路连通度的一个重要因素，出入口密度决定了居民出行的便捷程度，如封闭的大型居住区的出入口数量会影响居民从家到公共设施的路径距离，不利于居民低碳出行。

提高路网密度必然会改变传统大街区的格局，密路网会提供居民更多的出行选择，使居民在出行时有更多的路径能到达目的地，也会提升居民低碳出行的比例。因此，为了优化城市人居环境，可以构建合理的道路网络结构，提高交通通达性。打造由交通性道路、生活性街道、自行车专用道、步行道等构成的多层级、密度适宜的道路网络体系，加强道路交通体系与居住区、公共服务设施等要素的有机串联。

通过完善道路网络系统，构建适宜的路网密度（见图7-4），可以打通社区到城市服务设施的快速通道，有效提高城市服务设施可达性水平。宜依托城镇道路、绿道、街巷、公共通道等，构建通畅顺达、尺度宜人的高密度步行和自行车网络，提升慢行安全性和舒适性。

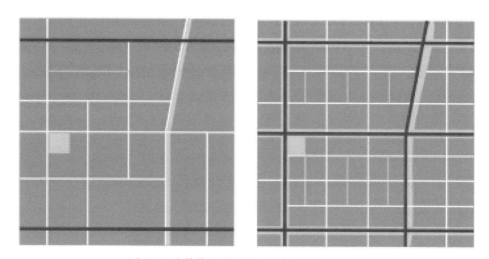

图 7-4　完善道路网络系统，构建适宜的路网密度

7.3.2　缩小街区尺度

通过小街区、密路网的形式缩小街区尺度（见图7-5），可以有效提高城市服务设施步行可达性。中小城市易形成以机动车为主导的大尺度街区，较低的路网密度影响居民出行效率。应当基于以人为本的规划设计理念，营造完整、连续的城市肌理，

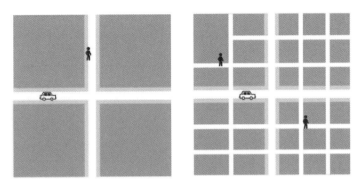

图 7-5 缩小街区尺度

构建步行高效可达的人性化街区，提高城市服务设施的可达性。

城市街区的尺度直接影响着城市慢行系统的构建，也会对城市居民的慢行效率产生影响。目前我国中小城市"大街区宽马路"的网络空间结构，造成了城市路网密度偏低，公共道路交通体系同城市支路系统交叠度较低，城市慢行体系不完善。中小城市主干道作为连接城市各个功能空间的重要纽带，承担了较大的交通压力，并对城市道路系统的连通性具有一定的影响。

城市应提升城市支路的路网密度，达到适宜的路网密度，以构建合理的道路体系；增设公交站点、优化公交线路及强化慢行设施建设，鼓励居民绿色出行。以窄街道、密路网、开放街区的形态来提升街区的生命力、提高土地利用率、提高土地的利用价值，并推动功能混合的街区模式建设。城市主干道宽度应避免过宽，必须以密集的道路网络来打通"断头路"，形成更加连贯的慢行体系。构建适宜尺度的街道空间网络，可以提高城市公共空间的使用效率，增加公共空间的互动性，构建慢行"友好型"城市空间。

7.3.3 增加站点数量

公共服务设施的公交便捷性是通过公共服务设施与公交站点服务范围的重合程度来表示的。当公共服务设施拥有较好的公交站点的资源时，能够提高小城镇的公交分担率。县级公共服务设施的服务范围较大，居民无法通过步行获得，因此从提高公共服务设施的公交便捷性着手，引导居民选择公交出行，充分发挥公交车交通通行量大、交通运输效率高的特点，从而达到低碳出行的目的。

公交站点是用来连接不同功能区的必不可少的公共服务设施，也是影响 15 分钟生活圈内居民中长距离出行方式的重要因素。公交站点的可达性决定了居民到达公交站点的难易程度。在出行层面，公交站点的可达性越高，居民在出行时选择低碳出行的交通方式的概率就越大；在提高活力层面，可达性高的公交站点可以带来更多的人流量，提高所在街区的人气，从而吸引更多的或公共或私人的服务设施聚集于此，形成一个小型的公共活动中心。

公交站点的分布和站点的密集程度直接决定了公交站点的可达性。在进行公交站点布局时，要做到科学、合理地统筹协调、布局，采取以公共交通为导向的交通发展模式，增加公共交通站点数量（见图 7-6）。

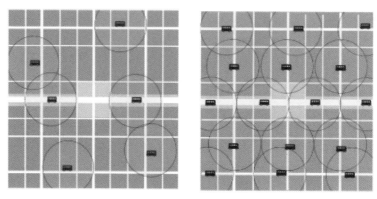

图 7-6 增加公共交通站点数量

通过构建轨道交通、常规交通相辅相成的公共交通系统，提高公共交通使用的便捷性与舒适度，增加区域内部公共交通线路及跨区域线路，针对目前公交线路不足、站点布局不完善、乘坐舒适度不高等问题，从改善公交交通环境、提高公交设施的使用便利性等方面入手，提高市民选择公共服务设施的可能性。同时，减少对私家车的依赖，缓解城市交通拥挤，提高城市服务设施的可达性，提高公共服务的便利程度。

公交站点附近也可以作为低层级公共服务设施的集聚区域，同时作为各种慢行方式的换乘功能接驳区。公交站点首先要保证慢行优先，然后通过地面慢行道、立体过街设施、城市绿地及广场、景观节点等要素，将周边的公共服务资源串联在一起，使城市公共交通和慢行系统得到有效的组织和优化。

7.4 提高步行舒适度

从道路网络、街区尺度、公交站点方面提出生活圈道路系统连通度的优化策略，可以有效提高城市道路的通行效率。但是如果只有高效率的路网，没有合理的、宜人的慢行出行环境，出行可能再次被机动车所占据，人居环境会进一步恶化。因此在拥有高效率的路网系统的同时，也要从生活型支路层级开始塑造良好的慢行出行环境。

根据《绿色生态示范区规划设计评价标准》，以绿色低碳为目标的生活圈范围内绿色交通出行比例应达到85%以上。生活圈范围内主要解决居民的日常生活，步行是15分钟生活圈内居民的首选出行方式，也是居民解决城市公交系统"最后一公里"的重要方式。优化慢行系统、提高步行舒适度，是实现绿色交通出行的前提。

因此，除了对设施布局与交通通达性进行优化外，还应当注意慢行交通的规划建设，关注步行舒适度，通过扩大慢行空间、优化界面设计、提高环境品质三方面的措施，满足不同人群的出行需求，提高慢行的舒适度与安全度。

7.4.1 扩大步行空间

步行空间是基于慢行适宜生活圈理念所提出的城市空间营造的核心内容，步行空间将城市各空间功能有机地串接起来，不仅有利于城市居民的身心健康，而且对于解决机动交通造成的污染问题也有显著成效，同时对于营造绿色城市环境具有促进作用。

步行空间主要由连通空间、集散空间、停留空间三个部分组成。连通空间是步行活动的主要载体，起串联空间、引导人流的作用，其慢行行为特点以快速交替的交通活动为主，具有动态和线性的特征。集散空间是步行空间的连接点，起到聚集人流、衔接多个空间的作用，慢行者在集散空间的行为以高密度、多方向性和活动流线汇聚点丰富为主要特点，具有动态和集聚的特征。停留空间是步行街慢行空间中的开敞性公共场所，它是行人进行休憩娱乐活动的场所，是活动最为多样、丰富的空间，停留空间慢行行为特点为逗留、静止，并伴随有交往等社会属性活动，具有静态和多样的特征。

为了扩大步行空间，必须扩展和优化连通空间、集散空间、停留空间（见图 7-7）。多样化的步行空间造就多样化的活动，通过建筑的功能引导与空间划分，可产生多样的空间层次，以保证慢行人群的安全为基础，形成以步行为主的人性化道路空间格局。通过改变以汽车为主要交通方式的道路空间形式，保障城市慢行系统可行性，可提升居民步行出行意愿，同时为开展公共活动提供更多空间。

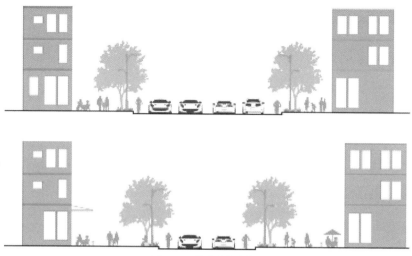

图 7-7　扩大步行空间

7.4.2　优化界面设计

在城市中，必须具备足够的紧密的多样化关联空间，才能使城市充满活力。在城市空间结构中，各个小的城市单元之间形成大量关联结构，其通过慢行空间相连接形成，优化慢行空间设计，形成多样化的慢行界面，才能提高居民慢行出行意愿。

芦原义信在《街道的美学》一书中探讨了道路的高宽比，以宽度（D）与两侧建筑外墙高度（H）进行对比得出：当 $1 < D/H < 2$ 时，可以使人们体会到舒适的街道空间感；当 $D/H < 1:1$ 时，狭窄的街道空间会令使用者感到压抑；当 $D/H > 2:1$ 时，空间的围合感弱，使用者会产生距离感，也会对社会交往活动产生负面影响。

慢行空间的界面是指在街道空间范围内的建筑立面轮廓与街道空间环境共同构成的界面。对于城市公共场所而言，由连续的接触面构成一个完整的公共活动空间是非常重要的，有利于居民在公共场所中安全、便捷地活动，可以打造安全、舒适、和谐、友好的城市空间氛围。在慢行空间中，人的心理认知更多来源于活动、交流与观察。设计合理的慢行界面，以及营造多元的慢行场所，可以有效吸引行人的注意力，使其舒缓心情。可以通过优化街道功能，丰富场所体验，提高步行的舒适度。同时改变街道 D/H 比例，避免形成压抑的步行空间；通过优化界面设计（见图7-8），借助差异化、多样化的界面设计，形成丰富多元的活动场所，提高慢行系统适宜性。

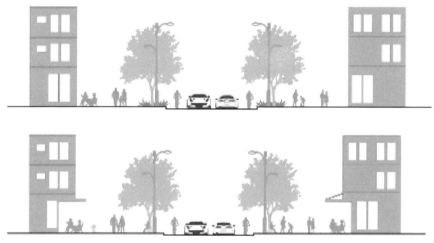

图 7-8　优化界面设计

7.4.3　提高空间品质

良好的慢行空间会提高使用者交往活动的发生频率，进而提升空间的活力。在慢行空间的营造方面，要让慢行空间的慢行过程更加舒适、连贯、完整、顺畅，要创造多样的慢行交往空间，以提高使用者的交往与停留频次。通过塑造适宜的空间，合理地配置设施，形成连接性、便捷性高的慢行交往空间。

因此，需要改善街道环境，保障通行空间不被侵占。科学合理地选择道路铺装，强化街道立面设计，配置数量适宜、使用便利的城市家具。提升城市街道绿化覆盖率，适当配置休憩场所、雕塑小品，提高街道环境品质（见图7-9），营造舒适、愉悦的慢行环境，提升居民步行意愿。提升街道、广场等公共空间场所的舒适度、场所感与个性化，推进无障碍和老人、儿童友好型设计及艺术化设计，配置充足的休憩、观赏、健身、照明、基础补给类设施，对于有条件的社区鼓励配置微气候调节、文化展示、体验互动等设施和公共艺术品。

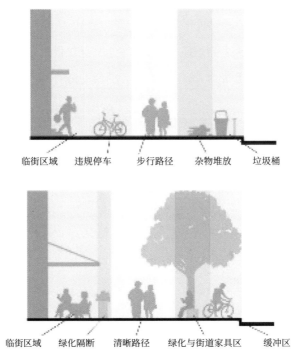

图 7-9 提高空间品质

7.5 提高用地混合度

公共服务设施种类繁多、层级复杂，涵盖教育、医疗、体育、社会保障等功能。多样化的公共服务设施既可以丰富居民生活，提高居民的生活品质，也可以提升地区活力与吸引力，可以成为人们在选择居住地点时的一个重要参考指标。

公共服务设施的服务质量和服务水平直接关系到使用者对设施的满意度，从而影响设施使用效率。因此，公共服务设施配置，应以满足大众对各类公共服务的普遍性需求为基础，同时兼顾不同属性人群对公共服务设施的特定需求及多样化需求，将公共服务设施服务品质提升的重要评价标准从满足大众需求提升至满足个性需求。同时，通过对土地资源的集约和有效利用，使得公共服务设施得到公平的分配。提高用地在水平方向、垂直方向的功能混合度，鼓励业态集聚，实现公共服务设施配置均等化与效率化相协调。

7.5.1 丰富用地类型

较为集中紧凑的用地布局模式与均衡的公共服务设施配置能较好地为居民提供日常服务，减少居民的 15 分钟生活圈的非必需出行，促进居民作低碳出行选择。应当综合考虑人群需求与设施服务等级，合理进行城市服务设施空间配置，丰富用地类型（见图 7-10），增强城市用地功能复合化。通过多样化的城市服务设施供给策略，满足全龄居民使用需求，提升城市服务设施使用意愿，增强设施可达性与使用机会均等性。弹性确定公共服务设施配套时序。鼓励社区各类服务要素的功能兼容，促进社区文化、体育、教育等用地与商务、商业用地及公共绿地的混合布局，引导设施综合体建设，鼓励地下空间的开发利用。

城市不同区域公共服务设施水平存在很大的差别，应根据具体情况进行相适配的设施配置。在发展水平较高的街道，首要任务是全面提升公共服务水平，增加高等级公共服务设施的配套；在区域边缘、基础公共服务设施建设薄弱的地区，应当着重在建设初期整合、完善原有的基本公共服务资源，健全服务体系，集中突破，消除盲区，而在建设末期聚焦于区域公平、社会公正和服务品质，实现公共服务的协调发展。

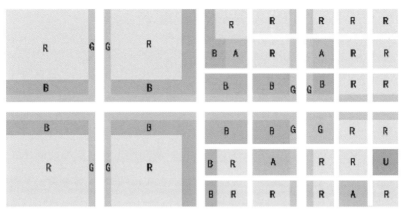

图 7-10　丰富用地类型

7.5.2　推进垂直开发

《雅典宪章》指出城市应按居住、工作、游憩、交通四个方面进行划分和均衡布局。这明确了城市分区的重要思想，也为日后的现代城市建设奠定了基本的原则。但是随着时代的发展，单一的职能划分已经无法适应日益紧张的资源条件和快速的社会意识形态进步。简·雅各布斯在其论著《美国大城市的死与生》中，着重阐述了"城市主体功能融合的必要性"，并指出单一的功能区设置是对社会资源的巨大浪费，而充分利用这些弹性服务的设施群体，是建设美好城市空间的关键所在。

公共服务设施的集约化和复合化配置，可以让居民以更少的耗时获取更多服务。同时设施功能的复合优化有助于提高建设成效。平面化的公共服务布局形式不仅会造成土地浪费，而且降低了设施间的联系，影响公共服务设施系统的使用便捷性。应通过加强用地立体化、复合化发展，推进垂直开发（见图 7-11），形成集约高效的土地开发利用形式，构建立体化的公共服务设施系统，提高设施的使用效率。

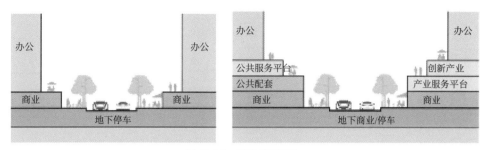

图 7-11 推进垂直开发

7.5.3 鼓励业态集聚

单一功能的公共服务设施容易出现服务过剩或服务吸引力不足的情况，且分散的公共服务布局模式会导致设施的非集约化，违背了公共服务设施高效化发展的要求。通过打造功能复合的公共服务基本单元，鼓励业态集聚（见图 7-12），促进功能多样化、用地集约化、服务便捷化发展，不仅可以节约用地空间，还可以有效吸引居民使用。推动生活圈内公共服务设施集中布置，构建一站式生活服务平台，完善生活圈内交通、医疗、教育、商业等服务功能，满足居民多样化的需求，可以提高公共服务设施的使用效率。

可根据 TOD 模式，将公共服务设施的集聚区域定位于交通场站附近，以交通场站为中心、以 400～800 米为半径建立城市中心或中心广场，打造集工作、商业、文化、教育、居住等为一体的功能复合区，以实现城市空间的紧凑开发与高效利用。

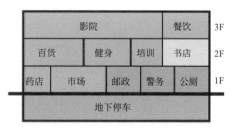

图 7-12 鼓励业态集聚

参考文献

[1] 詹克斯，等.紧缩城市——一种可持续发展的城市形态 [M].周玉鹏，等译.北京：中国建筑工业出版社，2004.

[2] 曹松，唐翀.基于城市居住区 POI 数据的昆明市公共交通站点可达性分析 [J].住区，2020（4）：65-72.

[3] 曹子威，罗震东，耿磊.基于信息流的城市-区域关系比较研究——以马鞍山和芜湖为例 [J].经济地理，2013，33（5）：47-53.

[4] 柴彦威.以单位为基础的中国城市内部生活空间结构：兰州市的实证研究 [J].地理研究，1996，15（1）：30-38.

[5] 陈果，顾朝林，吴缚龙.南京城市贫困空间调查与分析 [J].地理科学，2004，24（5）：542-549.

[6] 陈浩，罗震东，陈哲.城乡文体设施均等化发展研究——以常州市为例 [J].规划师，2011，27（11）：12-17.

[7] 陈玮.城市形态与山地地形 [J].南方建筑，2001（2）：12-14.

[8] 陈蔚镇，郑炜.城市空间形态演化中的一种效应分析——以上海为例 [J].城市规划，2005，29（3）：15-21.

[9] 陈彦光，刘继生.城市土地利用结构和形态的定量描述：从信息熵到分数维 [J].地理研究，2001，20（2）：146-152.

[10] 陈勇.城市空间评价方法初探——以重庆南开步行商业街为例 [J].重庆建筑大学学报，1997（4）：38-46.

[11] 成一农.中国古代方志在城市形态研究中的价值 [J].中国地方志，2001（1）：136-140.

[12] 仇保兴.紧凑度和多样性——我国城市可持续发展的核心理念 [J].城市规划，2006（11）：18-24.

[13] 丁成日.城市空间规划——理论、方法与实践 [M].北京：高等教育出版社，2007.

[14] 方创琳，祁巍锋，宋吉涛.中国城市群紧凑度的综合测度分析 [J].地理学报，2008，63（10）：1011-1021.

[15] 冯健.杭州城市工业的空间扩散与郊区化研究 [J].城市规划汇刊，2002（2）：42-47.

[16] 高晓路，颜秉秋，季珏. 北京城市居民的养老模式选择及其合理性分析[J]. 地理科学进展，2012，31（10）：1274-1281.

[17] 耿健，张兵，王宏远. 村镇公共服务设施的"协同配置"——探索规划方法的改进[J]. 城市规划学刊，2013（4）：88-93.

[18] 顾朝林，克斯特洛德. 北京社会极化与空间分异研究[J]. 地理学报，1997，52（5）：385-393.

[19] 顾朝林，陈振光. 中国大都市空间增长形态[J]. 城市规划，1994（6）：45-50.

[20] 顾朝林. 中国城镇体系——历史·现状·展望[M]. 北京：商务印书馆，1992.

[21] 官莹，管驰明，周章. 经济功能演替下的城市空间结构演化——以深圳市为例[J]. 地域研究与开发，2006，25（1）：59-61，82.

[22] 何流，崔功豪. 南京城市空间扩展的特征与机制[J]. 城市规划汇刊，2000（6）：56-60.

[23] 赫希曼. 经济发展战略[M]. 曹征海，潘照东，译. 北京：经济科学出版社，1991.

[24] 洪世键，曾瑜琦. 制度变迁背景下中国城市空间增长驱动力探讨[J]. 经济地理，2016，36（6）：67-73.

[25] 洪世键，张京祥. 交通基础设施与城市空间增长——基于城市经济学的视角[J]. 城市规划，2010，34（5）：29-34.

[26] 胡兆量，福琴. 北京人口的圈层变化[J]. 城市问题，1994（4）：42-45.

[27] 华晨，洪祎丹，王颖芳，等. 城镇建成区概念与界定方法体系研究——以浙江德清市武康镇为例[J]. 城市规划学刊，2013（2）：57-62.

[28] 蒋芳，刘盛和，袁弘. 北京城市蔓延的测度与分析[J]. 地理学报，2007，62（6）：649-658.

[29] 蒋佩珊. 多商业中心模式解决城市交通问题探讨[J]. 交通与运输，2008（1）：40-43.

[30] 克里斯泰勒. 德国南部中心地原理[M]. 常正文，王兴中，译. 北京：商务印书馆，1998.

[31] 李阿萌，张京祥. 城乡基本公共服务设施均等化研究评述及展望[J]. 规划师，2011，27（11）：5-11.

[32] 李苗裔，龙瀛. 中国主要城市公交站点服务范围及其空间特征评价[J]. 城市规划学刊，2015（6）：30-37.

[33] 李小建.经济地理学[M].北京：高等教育出版社，1999.

[34] 李治，李国平.单中心城市空间结构模型的实证研究进展[J].地域研究与开发，2009，28（4）：5-8.

[35] 林姚宇，吴佳明.低碳城市的国际实践解析[J].国际城市规划，2010，25（1）：121-124.

[36] 刘青昊.城市形态的生态机制[J].城市规划，1995（2）：20-22.

[37] 刘艳军，李诚固，孙迪.城市区域空间结构：系统演化及驱动机制[J].城市规划学刊，2006（6）：73-78.

[38] 芒福德.城市发展史——起源、演变和前景[M].宋俊岭，倪文彦，译.北京：中国建筑工业出版社，2005.

[39] 刘宇，匡耀求，黄宁生.穗港城市发展与碳排放[C]//2006年中国可持续发展论坛——中国可持续发展研究会2006学术年会可持续发展的技术创新与科技应用专辑.[出版者不详]，2006：166-169.

[40] 刘志林，戴亦欣，董长贵，等.低碳城市理念与国际经验[J].城市发展研究，2009，16（6）：1-7，12.

[41] 陆大道.关于"点－轴"空间结构系统的形成机理分析[J].地理科学，2002，22（1）：1-6.

[42] 陆大道.区域发展及其空间结构[M].北京：科学出版社，1995.

[43] 罗超，王国恩，孙靓雯.我国城市空间增长现状剖析及制度反思[J].城市规划学刊，2015（6）：46-55.

[44] 罗名海.武汉市城市空间形态演变研究[J].经济地理，2004（4）：485-489，498.

[45] 罗震东，何鹤鸣，耿磊.基于客运交通流的长江三角洲功能多中心结构研究[J].城市规划学刊，2011（2）：16-23.

[46] 吕斌，曹娜.中国城市空间形态的环境绩效评估[J].城市发展研究，2011，18（7）：38-46.

[47] 吕斌，刘津玉.城市空间增长的低碳化路径[J].城市规划学刊，2011（3）：33-38.

[48] 吕斌，祁磊.紧凑城市理论对我国城市化的启示[J].城市规划学刊，2008（4）：61-63.

[49] 吕斌, 孙婷. 低碳视角下城市空间形态紧凑度研究 [J]. 地理研究, 2013, 32 (6): 1057-1067.

[50] 吕拉昌. 新经济时代我国特大城市发展与空间组织 [J]. 人文地理, 2004, 19 (2): 17-21.

[51] 潘海啸, 汤諹, 吴锦瑜, 等. 中国"低碳城市"的空间规划策略 [J]. 城市规划学刊, 2008 (6): 57-64.

[52] 潘竟虎, 戴维丽. 1990—2010年中国主要城市空间形态变化特征 [J]. 经济地理, 2015, 35 (1): 44-52.

[53] 祁巍锋. 紧凑城市的综合测度与调控研究 [M]. 杭州: 浙江大学出版社, 2010.

[54] 秦志锋. 中国城市蔓延现状与控制对策研究 [D]. 开封: 河南大学, 2008.

[55] 青木昌彦. 比较制度分析 [M]. 周黎安, 译. 上海: 上海远东出版社, 2001.

[56] 宋正娜, 陈雯, 张桂香, 等. 公共服务设施空间可达性及其度量方法 [J]. 地理科学进展, 2010, 29 (10): 1217-1224.

[57] 孙斌栋, 石巍, 宁越敏. 上海市多中心城市结构的实证检验与战略思考 [J]. 城市规划学刊, 2010 (1): 58-63.

[58] 孙婷. 低碳视角的北京城市形态空间研究 [D]. 北京: 北京大学, 2011.

[59] 孙胤社. 大都市区的形成机制及其定界: 以北京为例 [J]. 地理学报, 1992, 47 (6): 552-560.

[60] 中国节能产业网. 碳排放量的计算方法及与电的换算公式 [EB/OL]. http://www.hpnet.com.cn.2009-12-10.

[61] 陶松龄, 陈蔚镇. 上海城市形态的演化与文化魅力的探究 [J]. 城市规划, 2001 (1): 74-76.

[62] 陶印华, 申悦. 医疗设施可达性空间差异及其影响因素——基于上海市户籍与流动人口的对比 [J]. 地理科学进展, 2018, 37 (8): 1075-1085.

[63] 王朝晖. 关于可持续城市形态的探讨——介绍《设计城市——迈向一种更加可持续的城市形态》[J]. 国外城市规划, 2001 (2): 41-45.

[64] 王成金. 中国物流企业的空间组织网络 [J]. 地理学报, 2008, 63 (2): 135-146.

[65] 王慧. 开发区与城市相互关系的内在肌理及空间效应 [J]. 城市规划, 2003, 27 (3): 20-25.

[66] 王建国. 城市空间形态的分析方法 [J]. 新建筑, 1994 (1): 29-34.

[67] 王姣娥，莫辉辉，金凤君. 中国航空网络空间结构的复杂性 [J]. 地理学报，2009，64（8）：899-910.

[68] 王士君，王永超，冯章献. 吉林省中部地区中心地空间关系分析 [J]. 地理科学进展，2012，31（12）：1628-1635.

[69] 王松涛，祝莹. 三峡库区城镇形态的演变与迁建 [J]. 城市规划汇刊，2000（2）：68-74，80.

[70] 王新生，刘纪远，庄大方，等. 中国特大城市空间形态变化的时空特征 [J]. 地理学报，2005，60（3）：392-400.

[71] 王兴平，胡畔，涂志华，等. 苏南地区被撤并乡镇驻地再利用研究——以南京市六合区为例 [J]. 城市发展研究，2011，18（10）：25-31.

[72] 王兴中. 中国城市社会空间结构研究 [M]. 北京：科学出版社，2000.

[73] 王鹰翅，田山川，胡峰，等. 基本公共服务均等化与设施规划研究——以佛山市顺德区为例 [J]. 城市规划学刊，2013（4）：94-100.

[74] 王颖，孙斌栋，乔森，等. 中国特大城市的多中心空间战略——以上海市为例 [J]. 城市规划学刊，2012（2）：17-23.

[75] 王战和，许玲. 高新技术产业开发区与城市经济空间结构演变 [J]. 人文地理，2005，20（2）：98-100.

[76] 吴启焰. 城市密集区空间结构特征及演变机制：从城市群到大都市带 [J]. 人文地理，1999（1）：15-20.

[77] 仵宗卿，戴学珍. 北京市商业中心的空间结构研究 [J]. 城市规划，2001，25（10）：15-19.

[78] 武进. 中国城市形态：结构、特征及其演变 [M]. 南京：江苏科学技术出版社，1990.

[79] 邢海虹，马彩虹. 渭北台塬县级城市空间扩张的分形研究 [J]. 地域研究与开发，2015（2）：91-95.

[80] 熊薇，徐逸伦. 基于公共设施角度的城市人居环境研究——以南京市为例 [J]. 现代城市研究，2010，25（12）：35-42.

[81] 许世光，魏立华. 社会转型背景中珠三角村庄规划再思考 [J]. 城市规划学刊，2012（4）：65-72.

[82] 薛俊菲，顾朝林，孙加凤. 都市圈空间成长的过程及其动力因素 [J]. 城市规划，2006（3）：53-56.

[83] 阎小培, 魏立华, 周锐波. 快速城市化地区城乡关系协调研究——以广州市"城中村"改造为例 [J]. 城市规划, 2004, 28 (3): 30-38.

[84] 阎小培, 周春山, 冷勇, 等. 广州 CBD 的功能特征与空间结构 [J]. 地理学报, 2000, 55 (4): 475-486.

[85] 姚士谋, 陈振光, 朱英明. 中国城市群 [M]. 合肥: 中国科学技术大学出版社, 1992.

[86] 叶昌东, 周春山. 近 20 年中国特大城市空间结构演变 [J]. 城市发展研究, 2014, 21 (3): 28-34.

[87] 叶俊, 陈秉钊. 分形理论在城市研究中的应用 [J]. 城市规划汇刊, 2001, 16 (4): 38-42.

[88] 袁晓玲, 仲云云. 中国低碳城市的实践与体系构建 [J]. 城市发展研究, 2010, 17 (5): 42-47, 58.

[89] 熊彼特. 经济发展理论 [M]. 北京: 商务印书馆, 1990.

[90] 张建龙, 谢振宇. 在控制性规划阶段中引入城市形态规划——嘉兴市秀洲区新区规划浅析 [J]. 城市规划汇刊, 1999, 13 (6): 73-76.

[91] 张坤民, 潘家华, 崔大鹏. 低碳经济论 [M]. 北京: 中国环境科学出版社, 2008.

[92] 张尚武. 城镇密集地区城镇形态与综合交通 [J]. 城市规划汇刊, 1995, 11 (1): 35-37.

[93] 张衔春, 胡国华. 美国新城市主义运动: 发展、批判与反思 [J]. 国际城市规划, 2016, 31 (3): 40-48.

[94] 张晓平, 刘卫东. 开发区与我国城市空间结构演进及其动力机制 [J]. 地理科学, 2003, 23 (2): 142-149.

[95] 赵云伟. 当代全球城市的城市空间重构 [J]. 国外城市规划, 2001, 10 (5): 2-5.

[96] 郑蔚, 梁进社, 张华. 中国省会城市紧凑程度综合评价 [J]. 中国土地科学, 2009, 23 (4): 11-17.

[97] 中国城市科学研究会. 中国低碳生态城市发展战略 [M]. 北京: 中国城市出版社, 2009.

[98] 中国科学院可持续发展战略研究组. 2009 中国可持续发展战略报告: 探索中国特色的低碳道路 [M]. 北京: 科学出版社, 2009.

[99] 周成虎, 孙战利, 谢一春. 地理元胞自动机研究 [M]. 北京: 科学出版社, 1999.

[100] 周春山，刘洋，朱红.转型时期广州市社会区分析[J].地理学报，2006，61（10）：1046-1056.

[101] 周春山，叶昌东.中国城市空间结构研究评述[J].地理科学进展，2013，32（7）：1030-1038.

[102] 周春山.城市空间结构与形态[M].北京：科学出版社，2007.

[103] 周春山.改革开放以来大都市人口分布与迁居研究——以广州为例[M].广州：广东高等教育出版社，1996.

[104] 周素红，王欣，农昀."十二五"时期公共服务设施均等化供给与保障[J].规划师，2011，27（4）：16-20.

[105] 周一星，孟延春.沈阳的郊区化——兼论中西方郊区化的比较[J].地理学报，1997，52（4）：289-299.

[106] 周一星，胡智勇.从航空运输看中国城市体系的空间网络结构[J].地理研究，2002，21（3）：276-286.

[107] 周一星，张莉.改革开放条件下的中国城市经济区[J].地理学报，2003，58（2）：271-284.

[108] 庄贵阳，张伟.中国城市化：走好基础设施建设低碳排放之路[J].环境经济，2004（5）：39-43.

[109] 怀特海德.经济学[M].王晓秦，译.北京：新华出版社，2000.

[110] 吉勒姆.无边的城市——论战城市蔓延[M].叶齐茂，倪晓晖，译.北京：中国建筑工业出版社，2007.

[111] 詹克斯，伯顿，威廉姆斯.紧缩城市———种可持续发展的城市形态[M].周玉鹏，龙洋，楚先锋，译.北京：中国建筑工业出版社，2004.

[112] ANDERSON W P. Urban form, energy and the environment: a review of issues, evidence and policy [J]. Urban Studies, 1996, 33（1）: 7-35.

[113] ANTHONY D. Some realities about sprawl and urban decline [J]. Housing Policy Debate, 1999, 10（4）: 4-6.

[114] BATTEN D F. Network cities: creative urban agglomerations for the 21st century [J]. Urban Studies, 1995, 32（2）: 313-327.

[115] ERKIP F. The distribution of urban public services: the case of parks and recreational services in Ankara [J]. Cities, 1997, 14（6）: 353-361.

[116] BERLIANT M, WANG P, PENG S. Welfare analysis of the number and locations of local public facilities [J]. Regional Science and Urban Economics, 2006, 36(2): 207-226.

[117] WHEELER S M. Planning for metropolitan sustainability [J]. Journal of Planning Education and Research, 2000, 20(2): 133-145.

[118] BREHENY M. Urban compaction: feasible and acceptable? [J]. Cities, 1997, 14(4): 209-217.

[119] BROTCHIE J, NEWTON P, HALL P, et al. The future of urban form: the impact of new technology [M]. London: Routledge, 1985.

[120] BUCHANAN N, BARNETT R, KINGHAM S, et al. The effect of urban growth on commuting patterns in Christ church, New Zealand[J]. Journal of Transport Geography, 2006, 14(5): 342-354.

[121] BURTON E. Measuring urban compactness in UK towns and cities [J]. Environment and Planning B: Planning and Design, 2002, 29(2): 219-250.

[122] LIN C H, CHIANG H S. Exploration assessment of the service distance based on geographical information systems and space syntax analysis on the urban public facility[C]. Second International Conference on Environmental and Computer Science, 2009.

[123] ALONSO W. Location and land use: toward a general theory of land rent [M]. Cambridge, Mass.: Harvard University Press, 1964.

[124] WEBER C. Interaction model application for urban planning [J]. Landscape and Urban Planning, 2003, 63: 49-60.

[125] DEMATTEIS G. Globalisation and regional integration: the case of the Italian urban system [J]. Geo Journal, 1997, 43: 331-338.

[126] DEVERTEUIL G. Reconsidering the legacy of urban public facility location theory in human geography [J]. Progress in Human Geography, 2000, 24(1): 47-69.

[127] GLAESER E L, MATTHEW E K. The greenness of cities: carbon dioxide emissions and urban development [J]. Journal of Urban Economics, Elsevier, 2010, 67(3): 404–418.

[128] GLAESER E L. Job sprawl: employment location in U.S. metropolitan areas [M]. Washington D. C.: Brookings Institution, 2001.

[129] EWING R, RONG F. The impact of urban form on U.S. residential energy use [J]. Housing Policy Debate, 2008, 19 (1): 1-30.

[130] FISHMAN R. Bourgeois utopias: the rise and fall of suburbia [M]. New York: Basic Books, 1989.

[131] FRANK L, LAWRENCE D, PIVO G E. Impacts of mixed use and density on utilization of three modes of travel: single-occupant vehicle, transit, and walking[J]. Transportation Research Record, 1994, 6 (1466): 44-52.

[132] FRIEDMAN J. Regional development policy: a case study of Venezuela [M]. Cambridge: The MIT Press, 1966.

[133] FULTON W, PENDALL R, NGUYEN M, et al. Who sprawls most? How growth patterns differ across the U. S. [M]. Washington D.C.: Brookings Institution, 2001.

[134] GALSTER G, HANSON R, RATCLIFFE M, et al. Wrestling sprawl to the ground: defining and measuring an elusive concept [J]. Housing Policy Debate, 2001, 12 (4): 681-717.

[135] GOODALL C. How to live a low-carbon life: the individual's guide tostopping climate change[M]. London: Routledge, 2012.

[136] GORDON P, RICHARDSON H W. Are compact cities a desirable planning goal? [J]. Journal of the American Planning Association, 1997, 63 (1): 95-106.

[137] CHEN H Y, JIA B S, LAU S S Y. Sustainable urban form for Chinese compact cities: challenges of a rapid urbanized economy [J]. Habitat International, 2008, 32 (1): 28-40.

[138] HANKEY S, MARSHALL J D. Impacts of urban form on future US passenger-vehicle greenhouse gas emissions [J]. Energy Policy, 2010, 38(9): 4880-4887.

[139] HASSE J E. Geospatial indices of urban sprawl in New Jersey [D]. New Jersey: The State University of New Jersey, 2002.

[140]HOPPENBROUWER E, LOUW E. Mixed-use development: theory and practice in Amsterdam's eastern docklands [J]. European Planning Studies, 2005, 13(7): 967-983.

[141]HOYT H. One hundred years of land values in Chicago [M]. New York: Arno Press, 1970.

[142]HOYT H. The structure and growth of residential neighborhoods in American Cities [M].Washington D. C.: Federal Housing Administration, 1939.

[143]BOUDEVILLE J R. Problems of regional economic planning [M]. Edinburgh: Edinburgh University Press, 1966.

[144]BRUECKNER J K. Urban sprawl: diagnosis and remedies[J]. International Regional Science Review, 2000, 23(2): 160-171.

[145]CARRUTHERS J I, ULFARSSON G F. Urban sprawl and the cost of public services [J]. Environment and Planning B: Planning and Design, 2003, 30(4): 503-522.

[146]JOHNSON E W. Chicago metropolis 2020: the Chicago plan for the twenty-first century [M]. Chicago: University of Chicago Press, 2001.

[147]KAHN M E. Urban growth and climate change[R]. On-line working paper series, 2008. http://repositories.cdlib.org/olwp/CCPR-029-08.

[148]KATZ P. The new urbanism: toward an architecture of community[M]. New York: McGraw Hill, 1993.

[149]TSOU K W, HUNG Y T, CHANG Y L. An accessibility-based integrated measure of relative spatial equity in urban public facilities [J]. Cities, 2005, 22(6): 424-435.

[150]MARQUEZ L O, SMITH N C. A framework for linking urban form and air quality [J]. Environmental Modelling & Software, 1999(14): 541-548.

[151]MCALLISTER D M. Equity and efficiency in public facility location [J]. Geographical Analysis, 2010, 8(1): 47-63.

[152] MCLAREN D. Compact or dispersed? Dilution is no solution [J]. Built Environment, 1992, 18: 268-284.

[153] MICHALOS A C, ZUMBO B D. Public services and the quality of life [J]. Social Indicators Research, 1999, 48: 125-157.

[154] MITCHELL W J. City of bits: space, place, and the infobahn[M]. Cambridge, MA: The MIT Press, 1996.

[155] NEWMAN P W G, KENWORTHY J R. The land use-transportation connection: an overview[J]. Land Use Policy, 1996, 13（1）: 1-22.

[156] EWING R. Is Los Angeles-style sprawl desirable? [J]. Journal of the American Planning Association, 1997, 63（1）: 107-126.

[157] CERVERO R. Mixed land-uses and commuting: evidence from the American housing survey [J]. Transportation Research Part A: Policy and Practice, Elsevier, 1996, 30（5）: 361-377.

[158] SCHWEITZER F, STEINBRINK J. Estimation of megacity growth: simple rules versus complex phenomena[J]. Applied Geography, 1998, 18（1）: 69-81.

[159] SIMONS P L. Measuring the shape distortions of retail market areas [J]. Geographical Analysis, 2010, 6（4）: 331-340.

[160] STERN N. The economics of climate change: the Stern review [M]. Cambridge: Cambridge University Press, 2007.

[161] STONE B, RODGERS M O. Urban form and thermal efficiency: how the design of cities influences the urban heat island effect[J]. Journal of the American Planning Association, 2001, 67（2）: 186-198.

[162] DOWLING T J. Reflections on urban sprawl, smart growth, and the fifth amendment[J]. University of Pennsylvania Law Review, 2000, 148: 873.

[163] TORRENS P M. A toolkit for measuring sprawl [J]. Applied Spatial Analysis and Policy, 2008, 1: 5-36.

[164] TSAI Y H. Quantifying urban form: compactness versus "sprawl" [J]. Urban Studies, 2005, 42（1）: 141-161.

[165] WHEELER S M. Planning for metropolitan sustainability [J]. Journal of Planning Education and Research, 2000, 20（2）: 133-145.

文中部分彩图

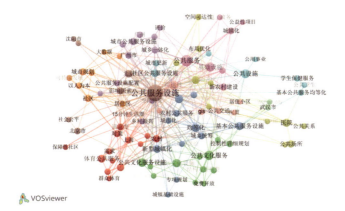

图 2-2

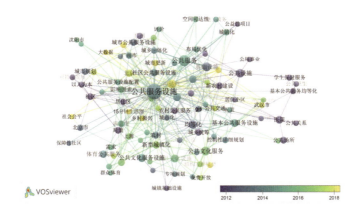

图 2-3

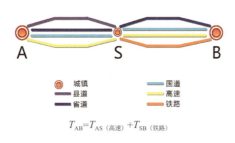

图 3-2

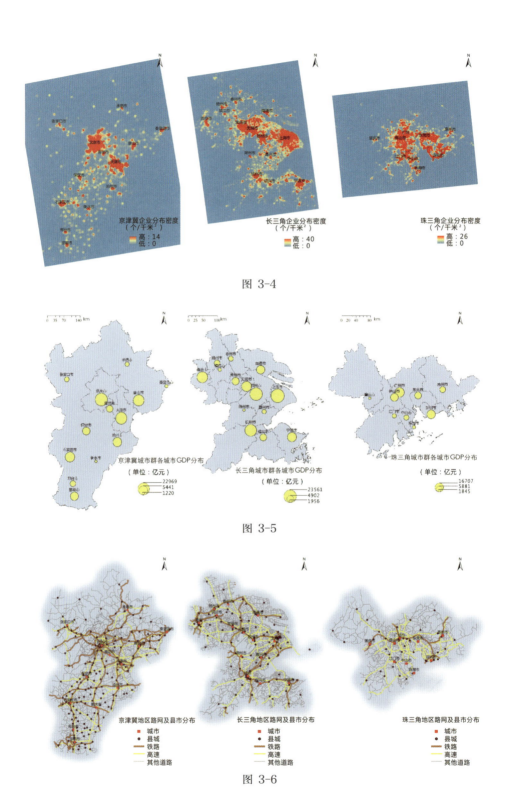

图 3-4

图 3-5

图 3-6

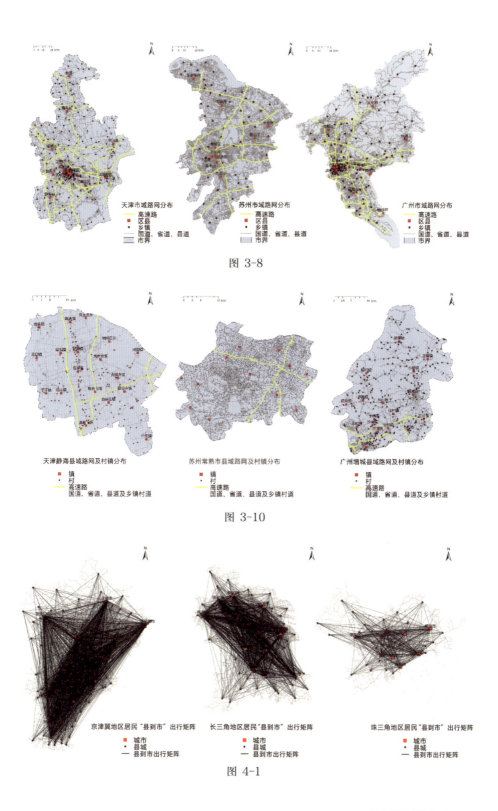

图 3-8

图 3-10

图 4-1

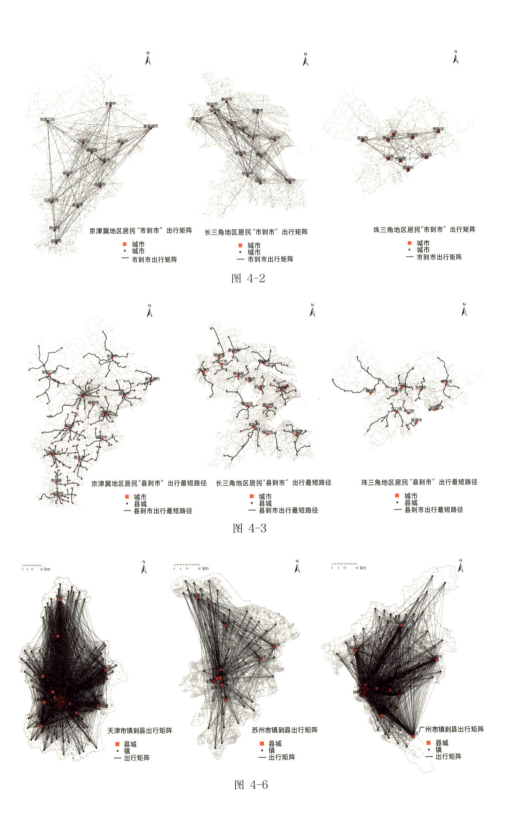

图 4-2

图 4-3

图 4-6

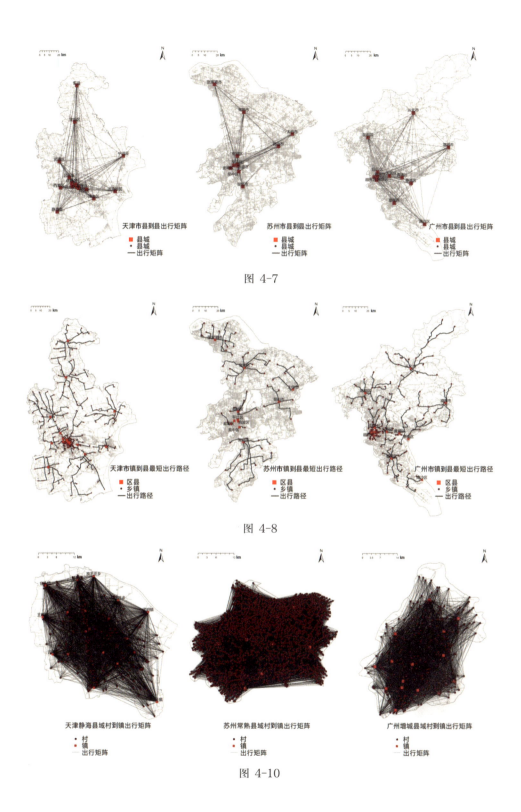

图 4-7

图 4-8

图 4-10

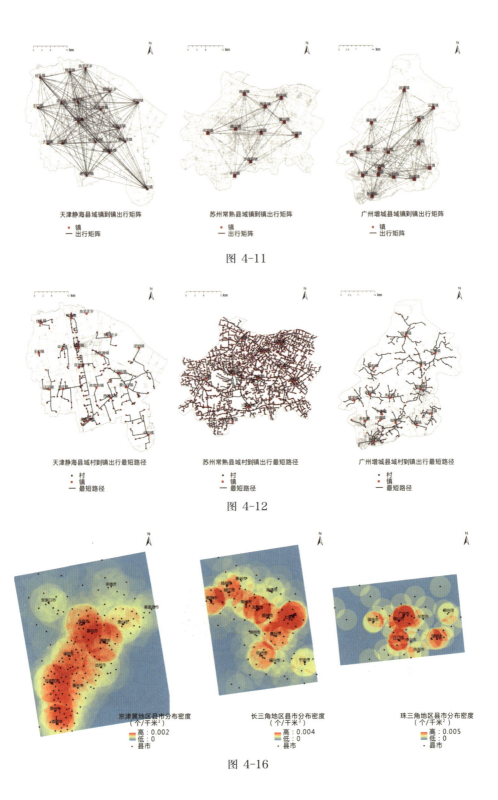

图 4-11

图 4-12

图 4-16

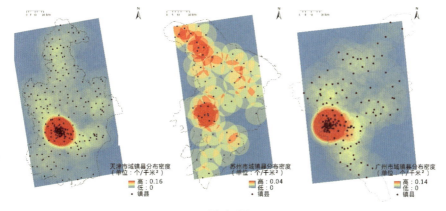

图 4-17

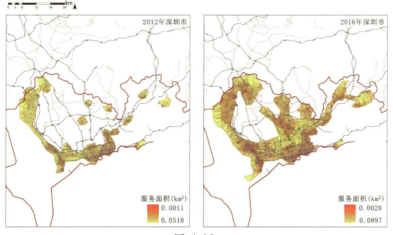

图 4-18

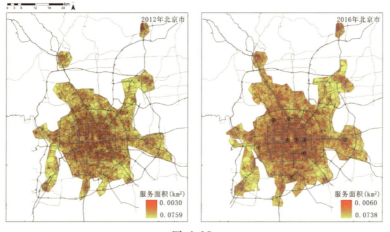

图 4-19

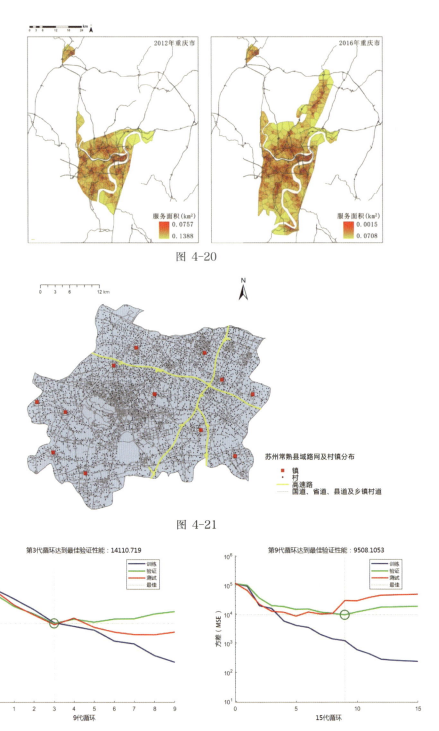

图 4-20

图 4-21

图 5-5

156 | 碳中和背景下城市空间绩效的测算方法及提升策略

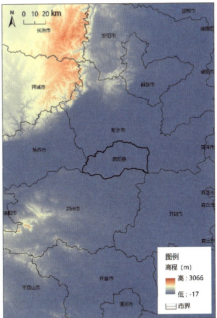

图 6-5

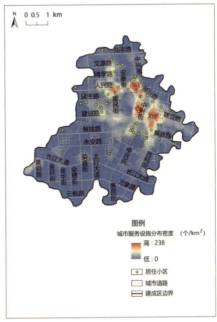

图 6-7

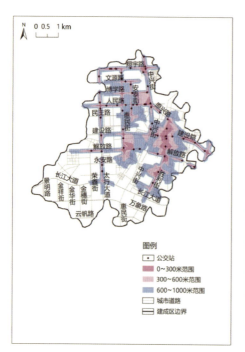
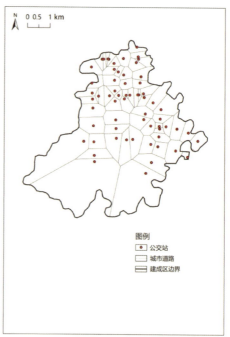

图 6-8

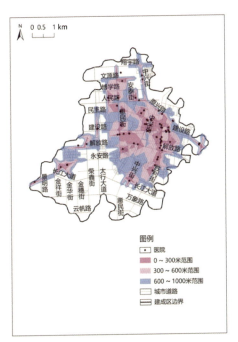
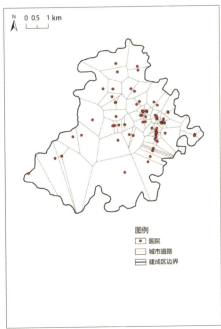
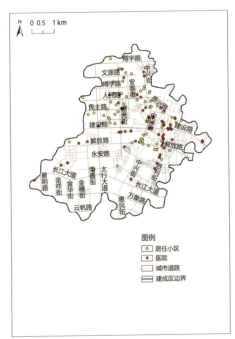
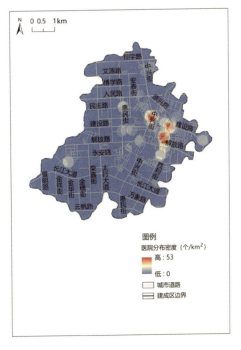

图 6-9

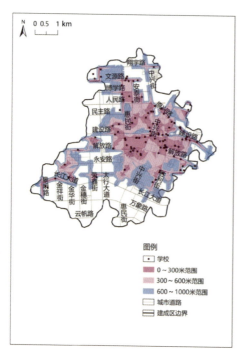
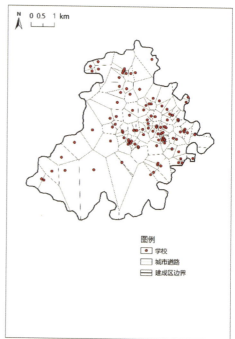

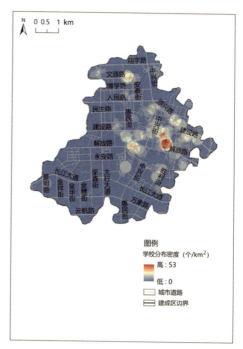

图 6-10

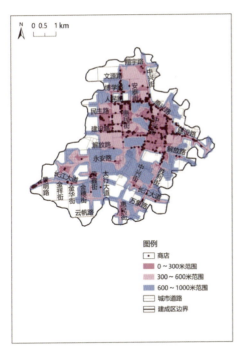
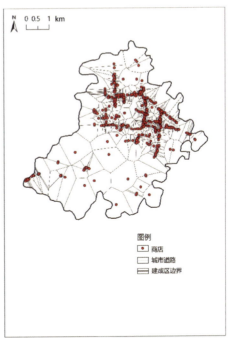
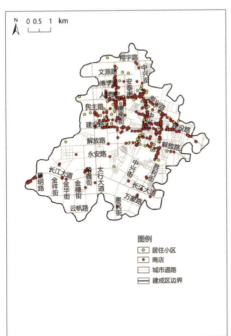
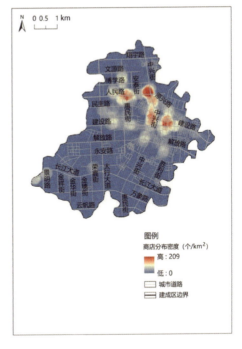

图 6-11

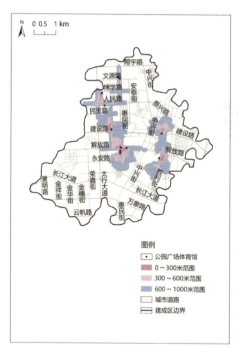

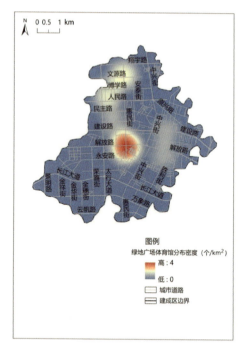

图 6-12

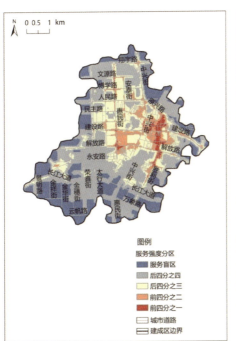
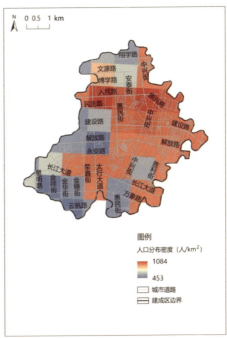

图 6-13

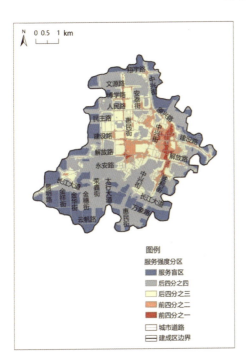
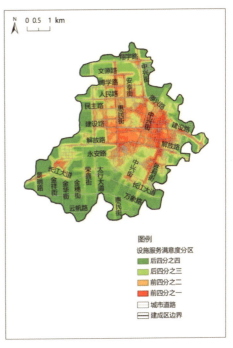

图 6-15

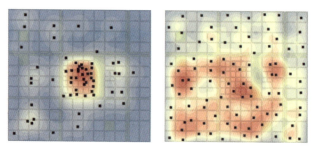

图 7-1

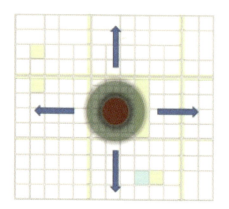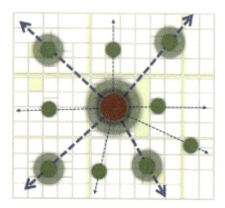

图 7-2

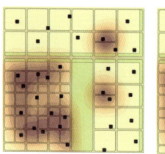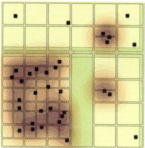

图 7-3